快艇衝浪女神

KIMBERLY

DARE TO
CHASE YOUR DREAM,
LIVE WITH PASSION!

的熱血人生

陳美彤 ——— 著

不設限的美麗

推薦序 / **當你全力以赴，什麼事都可能發生**

Sammy Lee（嘻嘻哈哈滑水學校創辦人）

　　這本來自 Kimberly 的《不設限的美麗》，能帶領你如童話般的進入她的熱血人生。非常推薦給企業領導者、跨領域發展、正困擾於生命道路抉擇亦或是需要更多正能量的你。

　　在閱讀的過程，你才會發現裹著糖衣的外表，是經過那麼多次的翻轉，才會如此甜美；這場有如極限運動的人生，如實地表述「當你全力以赴，一切的不可能，都可以變為可能！不變的是──你的態度」！

　　如果你也發現，生命是如此的軟弱，在每個角色裡，我們該怎麼辦？一位母親，如何兼顧家庭又保有自我；一位女強人，如何兼顧事業又能滿足丈夫；一位運動員，如何讓二十四小時發揮最高產能？打開書你會突然發現，不可能的可能，奇蹟似的，你我也有機會做得到！

　　生命能自由的轉換，自在的選擇快樂，不被物欲綑綁，有如脫掉高跟鞋的快活，該怎麼做？ Kimberly《不設限的美麗》

書籍中分享了很多工具，以及你從未看過的見解，看完才會發現，真正的美麗是什麼。

　　這本書，能讓你舒服的卸下壓力，跟著 Kimberly 遊歷，看著她在書中不同角色的轉換，如何游刃有餘？你也能輕易的從每個章節，找到豁達的態度，原來只是一個想法轉念的 Tip，讓熱血不是說說，而是充滿能量的行動，也一起啟動你的美麗人生！

　　誠摯推薦給所有讀者。

推薦序 / 從名媛到快艇衝浪國手

于長君（STARFiSH 星予創辦人）

　　Kimberly 陳美彤和我是認識多年的好姊妹，也是生意上的好夥伴，因為運動——跳舞和馬術讓我們關係更緊密。我看著她從不會滑水，到認真滑水還去做了眼睛近視手術，並且熱衷為滑水賽事做贊助，進而轉身為快艇衝浪選手，開始在國內外征戰比賽，不論天氣晴雨溫度冷熱，都在水上反覆練習，著實讓我佩服她的毅力。去年我成立 STARFiSH 運動經紀公司，剛好她來電找我，我們就這樣開始了合作的契機，成為運動員與經紀人的關係，倆人默契十足，天時地利人和，創造出很多的不可能，從名媛變身成國家代表隊 ——臺灣快艇衝浪選手。我也給予她建議到美國參賽，成為第一位從臺灣到美國參賽女子快艇衝浪選手的先驅。從美妝、時尚圈，我倆不約而同因為興趣跨足到體育圈，分別贊助與協辦各界運動賽事，現在很開心地協助她推出個人的第一本書，書中有很多她精采的故事分享，以及美麗的照片和出版社創意的美術編排，相信看過她的書會想與她一起熱血人生，相信自己勇敢追夢，並全力以赴！

快艇衝浪女神 Kimberly 的熱血人生

王心恬（NAMUA 品牌創辦人）

　　那年，喜歡戶外運動的我遇見了 Kimberly 夫婦，她邀請我代言美傑仕盃滑水比賽，我喜歡嘗試與挑戰各種運動，帶著愉快的心踏上旅程，但這一年一年卻讓我看見她很大的轉變。看著 Kimberly 從喜愛、投入、無怨無悔的付出資金辦比賽、一起贊助與培育年輕選手，到有一天她開始比賽、變身代表隊、出國征戰、得獎的一次次突破，更在現在她到各處講座、出書向大家分享她的故事，我必須說，每個人也許努力認真堅持一些些，都會為這世界帶來轉變，Kimberly 就是我認識的那一位。

　　她的故事帶給好多女性莫大的鼓勵，更讓身為母親的大家能看見，為自己所喜愛的事不一定要因為步入家庭而讓步和犧牲，反而實踐夢想，更能帶給家庭凝聚的核心和快樂，她一定是大家人生中重要的偶像和典範，無庸置疑！

　　她也讓我看見：努力、不害怕、勇往直前，永遠是正向和有收穫的。

推薦序 / 選擇，做自己的榜樣

林廷祥（國際滑水總會亞洲會長）

當中華民國臺灣的國旗第一次飄揚在世界快艇衝浪大賽的那一刻，除了為 Kimberly 的傑出表現感到開心，也為滑水運動在臺灣這一路走來的發展感到欣慰。

九五年，我接掌中華民國滑水協會時，沒有錢、沒有船、沒有場地也沒有幹部，如今滑水運動能夠從無到有，有一代一代的年輕人接棒舉辦訓練和比賽，更有優秀的滑水選手代表臺灣到世界各地參賽奪獎，實在非常的不容易。

我所認識的陳美彤，不只是一位傑出滑水選手，更是一位成功的企業家和顧家的好媽媽。從書中她跟各位分享的故事中可以感受到，儘管比起年輕選手起步較晚、家人起初不能接受、外界看法冷言冷語，都不能阻止 Kimberly 的熱血人生，朝向她所熱愛的事物，不斷的追求卓越，打造屬於自己的舞台，感動了家人和無數的粉絲。

相信這本書可以帶給讀者對人生的啓發：

You are only young once, but if you do it right, once is enough.

如果熱血能用溫度測量，Kimberly 絕對隨時處於沸騰

蔣雅淇（STUDIO A 共同創辦人）

　　她熱力十足體力極佳：滑水、滑雪、跳舞、健身……全都會，為了比賽或練習可以跑遍世界各地，好像總有用不完的體力。

　　她情感充沛毫不隱藏：分享心情點滴時可以鉅細靡遺，一個人長時間獨自講不停，笑點低、哭點更低，一起去看喜劇她也能哭得眼淚鼻涕同時噴發。

　　她行動力一流：我家遭逢變故期間她與先生常常主動來陪我、幫我照顧年幼的孩子，家人一一離開之後她是第一個每週固定來陪我的知己，也因此成為我們「信心小組」的第一位成員，更是所有成員中第一個受洗的信心勇士！

　　我們因著孩子成為朋友，因著小組成為姐妹，因著「在主裡」成為肢體。我看著她從單純的美麗，到認識主之後的熱情自信，現在更因主發光閃耀。透過翻開她的書，認識她的人，你也有機會跟她一樣擁有不設限的美麗與無法擋的熱血人生。

推薦序／**Kimberly 比肌肉更迷人的人生歷練**

詹仁雄（知名製作人）

　　認識 Kimberly 約莫在千禧年，那是一個腹肌還沒那麼重要的年代，很少聽人冬天必須滑雪，自由潛水只在盧貝松電影看過，會去瑜伽和健身房的人，若非用生命熱愛運動就是感情不太順利的朋友，至少不是那時初識的女孩，一個感覺不太理解世界怎麼運轉，嬰兒肥還存餘的女孩。

　　可能我眼拙，或是心存正念，完全不知道原來 Kimberly 是大辣妹！發現她很辣，是年輕人全都往 Instagram 跑的這幾年，在臉書的朋友幾乎都剩溫良恭儉，要不就長篇大論，想 Po 個美照還要用被誰標注來解釋動機，Kimberly 是少數持續發文的，一張張高難度又帶著艷火的照片，很難不讓男人側目，都快忘了她有兩位小孩，和那個包得緊緊的千禧年的 Chubby Girl。

　　應該是婚姻美滿也有關係，可是看著她逐漸漫威化的肌肉與線條，那勢必與堅強的意志有關。

老實說，都什麼年代了！她大可不用出書，照片已足夠說明一切，文字可能是燃燒體脂後的餘溫，畢竟人生歷練比肌肉迷人。

　　最後給開始閱讀的姊妹們一個提醒，女人要保持青春，一是愛情，一是運動，眼光差怎麼練都沒用。

自序 / 你有夢想未實現嗎？
別再遲疑了，趕快踏出第一步吧！

You are never too old to set another goal！

每一年，都以為自己已經達到了極限，其實上帝給我們每個人都具備強大的潛能，只是可能還沒有爆發出來，人生每個階段都有不同的目標和該努力的事，等待我們繼續向前，開發未知的境界！追求夢想，永遠不晚，要相信自己，然後盡自己能力全力以赴，只要具備這種信念，一切的不可能，都可以變為可能！不變的是——你的態度！

很多人都覺得結了婚、當了媽媽，好像很多事情就應該放棄，但是對身為現代女性的我來說，媽媽或太太的角色並不是限制，因為這些 Title，我更成熟了，更清楚自己想要的是什麼，反而讓我有不一樣的眼光、有不一樣的使命感來豐富自己的生命。

我有兩位孩子，一位十三歲、一位九歲，從小他們看媽媽做什麼事情都很拚很努力，想做什麼就努力朝目標去達成，這是我的原則，做什麼就要像什麼！就像當學生的時候，我總是

自動自發讀書、下課跑圖書館，學生時期我真的是位乖寶寶，不太需要家人督促。爸爸媽媽忙於工作，我自己會用功讀書應付考試，甚至畢業在工作一段時間後決定出國留學再深造考研究所，也是自己跑留學展，研究每所學校科系設立的入學條件和要求，從找補習班加強留學考試、找工作上曾經合作的客戶公司老闆為我寫推薦信，到完成所有學校碩士科系的申請流程，每一件事都親力親為。到最後一刻選定了屬意的幾所已接受申請的學校後，自己再提前半年飛去英國，先申請了相關商業學校的行銷公關課程預先修讀做好準備，一邊再跑各學校面試做最後確認，安排搬家準備入學。

爸媽從我決定出國讀書到出發那一刻，他們完全沒幫我煩惱操心，能做的就是送我到機場給我擁抱和祝福，連到了倫敦都是我和學校聯繫接機服務以及安排住宿的。在英國快兩年除了我飛回臺灣，他們也不曾來看過我，現在想一想我爸媽還真放心。印象中我十八歲以後他們就很少插手為我做決定了，他們知道孩子長大了該是自己負責一切的時候，轉而支持我的想法，也因為這樣養成了我獨立的個性。畢業回臺灣找工作、投履歷，沒有一件事需要假手他人，因為我知道自己想要什麼，

就連和外籍男友談戀愛差點嫁到國外，我爸爸也不曾阻擋過我的念頭，他說相信女兒會追求自己的幸福，反而是媽媽的親情攻勢，讓我留了下來。

二〇〇五年結婚後，先生鼓勵我自己創業，雖然多了先生當靠山，我還是拚命三郎般的工作，挺著大肚埋首電腦前，在當時臺灣電子商務剛起飛年代，我就帶著品牌資料拜訪各大新興平台，將公司產品帶入虛擬銷售模式提前卡位，做起網路生意，各大平台都看得到我們產品，最高記錄曾經二十四小時售出上萬瓶指甲油。十年下來事業穩定後，我仍沒有放棄追求夢想，投入運動興趣玩出專業。截至二〇二〇年九月，我的滑水生涯已奪牌三十一次，並且在四十歲獲選中華隊國手資格，成為「快艇衝浪臺灣代表隊」，這幾年來因為熱愛健身練出心得，今年初再考取多項國際健身教練證照，開創斜槓人生。

Dare to chase your dream, live with passion！

婚後，孩子是我的優先順位，親子教育是我非常重視的一環，因此，我時時提醒自己要做好他們的榜樣，我想，媽媽的努力他們都看在眼裡吧！

我從不勉強自己做一件事，但當我下定決心要做一件事，

不論多辛苦，我就是抱著樂觀、開心、期待、不放棄的信念去完成它，不論中間碰到什麼挫折，我都會為自己找到很棒的理由去支持、鼓勵自己再試一試。同樣的，我從不逼孩子一定要做什麼事，但我儘量引導他們做到我的建議或要求，告訴他們為什麼要做這件事，對他們會有什麼好處，最重要是幫助他們尋找熱忱，陪著他們一起去開發這個熱忱，如果沒有熱忱的支持，很難長久持續下去。而當他們要開始一件事情時，我會和他們一起慎重考慮這個決定，警惕他們一旦開始就不能隨便放棄，因為放棄了就很難再有機會重來！我現在成就的每一件事，就是對孩子最好的印證。

在健身證照受訓時，一位教官曾經跟我們說，「如果你不去挑戰嘗試一項新技能，你就永遠不會這項技能」。真的，如果還沒開始就卻步了，那麼這個技能永遠不會是你的！

以前，為了讀書升學放棄了很多才藝學習，這幾年來，我嘗試挑戰很多曾經羨慕別人會的事，例如：拉丁舞、滑水、鋼管舞、空中環、瑜珈倒立。我告訴自己，不要只是羨慕，不如自己試試看，才發現，原來我也可以！只要不設限、勇於嘗試，全力以赴，這個技能就可能會屬於你！

態度對了，不論哪一個人生階段，面對每一個目標、每一個夢想，都能用一樣的心去對待，莫忘初衷，全力以赴！我常常說，當你把自己準備好，上帝就預備祝福。你有夢想還未實現嗎？別再遲疑了，趕快踏出第一步吧！

Kimberly Chen

目錄 /

Part 1

Healthy Life：我是 Kimberly，我的熱血人生

Part 2

"Healthy Talk ： Kimberly 的生活與健康哲學 ''

Part 3

"Healthy People ： Kimberly 的熱血人物特寫 ''

Part *1*

> *Healthy Life*
> 我是 *Kimberly*，我的熱血人生

年齡和身分不是阻擋自己擁抱熱血的藉口

人生到四十歲當選上國手，還是熱血的水上運動——快艇衝浪！

一位婦女、兩位孩子的媽媽，能把一個運動興趣玩到這步田地，這讓許多人跌破眼鏡！雖然這對我來說也是新鮮事，但從我小時候就好動，對許多事都充滿好奇心和熱情、勇於去嘗試，不難看出，我的體內早已流著一股熱血吧！

記得小時候在電視上看到體操競賽，我好羨慕，自己就對著電視在家跟著倒立翻起來，媽媽看我學得起勁，怕我受傷

只好帶我去體操館上課。我真的很喜歡也算有運動天分，學得很快。練習體操一陣子後，因為很喜歡跳舞，教練看我手長腳長，主動問我要不要轉往學習韻律體操，我一口答應；優美的肢體帶有競技體操的剛柔並濟，讓我深深嚮往，每到周末甘願犧牲玩樂時間，自己背著包包搭車到中山女高去訓練。那時曾夢想憧憬自己有一天可以成為韻律體操選手。我也很喜歡在音樂中跳舞，學生時期常常一個人在房間放音樂對著鏡子跳上許久，想著也許有一天成為一位舞蹈家，即便結婚後我還是常常如此，放音樂自己乾跳過癮。當然，這些願望都沒有實現。

小時候的我應該是很有才華的，媽媽也會送我到各種才藝班滿足我的喜好，不論是舞蹈還是音樂方面，我都有還不錯的表現。但好景不常，升上國二之後，因為當時聯考制度下的課業壓力，一切都得以學業為重，我的所有才藝和興趣幾乎都在中學時期陸續暫停了，變成日復一日的補習、讀書和考試的生活。記得那時學校連家政課及體育課都常常借給主科老師們考試用，如果有督學來訪，老師還會要我們趕快把考卷收起來，拿起縫紉的勞作做做樣子，上學加上泡在補習班早出晚歸的日子，至今想起來仍覺得惋惜。

　　我的中學年少青春大部分都被教課書和試卷淹沒，但當時不懂自己要什麼、適合什麼發展，只能順應父母的安排，應付好學校的要求；畢竟那是個萬般皆下品，唯有讀書高的世代。尤其我就讀的學校還是當時考上第一志願——建國中學和北一女——錄取率最高的明星中學，可想而知，學校重視成績勝於一切，學生的壓力有多大了。

　　還記得有一次班上的理化老師在模擬考後發成績時喊到我名字，把我叫去前面，當著大家的面把我的考卷撕爛扔在地上要我去撿起來；還有同學因為考不好，被老師推頭去撞黑板……，現在聽起來很不可思議吧！但那個年代大家多半不敢吭聲，只能默默掉眼淚告訴老師下次一定會考好。現在想想，那樣的讀書環境是多麼壓抑孩子，抹煞他們的自信啊。

　　當時的我，沒有太遠大的目標，我以為只有成績決定一個人的價值，成長階段充滿了不斷的比較和放棄，專注於考試有沒有名列前茅，在榜單上大堆頭的名字中尋找自己的。為了這些放棄興趣、放棄夢想，汲汲營營追求好成績、好學校和好工作，好像只有那樣才叫成功；何謂「好」卻只有一個標準，好學生壞學生的定義，被老師用分數作分水嶺來貼標籤。曾經，

我也因為這樣，懷疑過自己是否不夠好、不夠優秀，只想更努力讀書考上理想的學校和科系，證明自己是有價值的學生。但所謂的理想科系，也並不是依照自己的喜好選讀，只是因為我數理成績比較好，正逢當年臺灣土木營造業發達，而填了土木工程科系。爸爸還很開心我成為營造業女強人殷琪的學妹。

我想在那個世代環境下，很多人自我價值的肯定被大環境和世俗價值觀牽著走，抹殺了應該發自於內心的自信和快樂的

權利。但我必須要說，爸爸媽媽從小給我們非常多的愛，就像很多父母一樣，都希望以他們認為對的事情、對孩子未來好的發展來做安排。事實證明，當我越發懂事，才領悟到原來一直以來的「被選擇」根本也不是我想走的路。也許我該念個舞蹈學校或體育科系什麼的，才能把我的天分和專長發揮的淋漓盡致吧！

好在課業之餘我回到了舞蹈教室學習 Jazz Dance 爵士舞，平衡一下自己繁重的理工科學業。我認真學舞，跟著舞團巡迴臺灣各文化中心參與舞蹈表演，甚至還受邀商業表演，課餘也跑去當模特兒拍平面電視廣告和 MV。記得第一支作品是因為導演看我很會跳舞，找我去拍了港星的舞曲 MV，全盛時期電視上同時有五檔廣告在線播出，二十歲就賺到人生第一桶百萬金。也有星探找我往演藝圈主持或戲劇發展，但我並沒有沉迷於絢爛鏡頭前的模特兒生活，我跟那時的經紀公司說，我覺得這樣的生活不適合自己，經紀人還說我怎麼願意放棄了很多人都想要的機會啊。

直到畢業後出了社會我開始上班族的生活，從事廣告公關公司的行銷工作，舉凡寫新聞稿、辦記者會、Handle 流程都

被訓練的能夠一手包辦，當時負責的案子大都是線上遊戲的上市公司，練出一身好功夫，一陣子之後，我更明白自己的興趣與志向。趁上班之餘跑留學展，準備英國 IELTS 的留學考試，重新申請學校到英國讀書，修讀行銷傳播碩士，讓自己在擁有實務經驗後再強化理論學術知識，一切在自己掌握之中展開全新生活。

在英國留學期間，我愛上 Salsa 騷莎舞，學校課餘我就去上課學跳舞，我感受到身體被充滿熱情的拉丁音樂完全釋放，彷彿找回體內那股熱血生命的舞蹈魂。畢業後回臺，也重拾過往的跳舞興趣，至今我仍然繼續跳舞，在音樂裡我感覺到完全的自由。我很幸運，先生一直很支持我的興趣，給我空間，讓我保有做自己快樂的事，那真的很重要，因為如此，我總是找到生活中的平衡，透過運動來紓解家庭生活中或工作上的壓力，充飽正能量再來面對一切挑戰！

如果你繼續挑戰自己，你就會發現你的潛力超乎想像！

曾經我也是一位缺乏自信的孩子，有時候在某些事情上我

們得不到想要的結果，也許會怨天尤人甚至憤世嫉俗，以為自己就是運氣這麼差，為什麼神沒有在我們身上賜下恩典，是被遺忘還是被放棄了？但其實我們只是還沒被開發而已。

　　上帝創造每個生命都是獨一無二的個體，祂在我們身上都有著不同的計畫，祂給我們一樣的愛，每個人都應該被重視、被肯定、被愛，但我們有沒有真正的認識自己？看別人比自己好是謙卑的學習態度，而不是抹煞自己價值的差別比較，因為這個世界上不會有第二個你。每個人的特質都是不可取代的，

如果你繼續挑戰自己，你就會發現你的潛力超乎想像！

我們都是上帝鍾愛的寶貝，接納自己、肯定自己、相信自己、努力讓自己發光發熱吧！

學著肯定自我，不要怕做夢，潛力是無止境的，只要我們設定好目標，不看輕自己的能力，努力去發掘那個神在我們生命中放下的恩賜，就會發現它的神奇之處，遠遠超乎我們所求所想。就算失敗了也不要失去對自己的盼望，有時候試著看一件事情結果的背後，也許藏著神要給我們的美意。我們只要做好自己的本分，讓人生更加充實，擁抱生命的熱血，讓這個生命中的恩賜如火跳旺起來吧！

There will never be another you. Let your gifts shine, show your personality, your talent, your style.

We don't need an imitation. We don't need a copy.

We need the original you. - Joel Osteen

滑水，帶給我不只是健康和快樂，
更是不一樣的生命體驗，全新的人生舞台！

　　常常有不認識我的粉絲，看到我的滑水衝浪分享，也有興趣來詢問我，他們也很想嘗試但擔心是否會太晚太難學，當我跟他們分享我的故事，他們總是很驚訝覺得被鼓勵。

　　你可曾想過人生三十五歲的熟齡階段，才開始學習一項運動，還是陌生的水上運動，不是游泳或跑步，而是要站立在水上，需要一點技巧門檻的板類運動，那的確需要勇氣！因為不設限，我對很多新事物都是非常開放心胸的，喜歡學習，也喜歡挑戰自己，就這麼開啓了新的一扇門。

　　曾有一位香港粉絲私訊我，很直接的說：「也不看看妳什麼年紀了，都是位媽媽了，還好意思說自己在熱血人生。」哈，我絲毫不介意她的質疑，雖然有點太八股的想法，畢竟時代不同了，也許她過著很壓抑的人生，覺得我做的事很衝突吧，我反而鼓勵她要有更開闊的思維，跳脫這些負面的框架。人生可以有很多可能的，當你願意改變自己，才能影響別人！

　　但是不諱言在我開始學滑水初期，在水上也是頻頻挫敗

跌倒，尤其我的個性又很拚命三郎不肯放棄，很多我周圍的太太朋友們也覺得我好好的悠閒生活不過，幹嘛這麼辛苦狼狽自己，不怕曬黑曬傷嗎？

也有人說又不是年輕人了，學人家這樣在水上吹風日曬運動、搞得又濕又髒真的有必要嗎？我們都在河裡或湖裡滑水，難免給人家這種印象，就連我自己的家人，也常常勸我不要這麼拚，說曬太多太陽對皮膚不好、滑太多可能會受傷……。我知道大家都是站在保護我的立場勸說，但每個人都有自己的堅持，沒辦法把別人的標準套在自己身上，我已經訓練自己，凡事樂觀看待，就算聽到不好聽的話，也很快會讓自己往正面想，把負面思維拋諸腦後，從不把別人的質疑，當作打壓自己的力量，別人越不看好，反而越能成為我的動力。

我總是告訴自己，學什麼就要像什麼，我不隨便開始，一旦開始，就不輕言放棄，我用熱忱在做喜歡的事。

接觸滑水運動
絕對不是偶然

　　二〇一三年九月，在臉書上看見女兒的游泳教練分享了滑水，我好驚喜！因為先生早年在香港就有滑水運動的經驗，但搬來臺灣後就再也沒機會滑了，完全不知道臺灣也有這個運動，驚喜之餘就帶著我們全家到微風運河的「飛魚滑水俱樂部」去體驗，沒想到離台北這麼近就有玩滑水的好地方。

　　微風運河好美水質也乾淨，是專門做水上運動的人工水域，我們第一次就玩上癮了。在這之前，我跟先生各有不同的嗜好，兩個人常常兜不了一塊兒各做各的。先生愛潛水、騎馬、打網球，我都跟不太上；而我喜歡跳舞他也沒興趣。我婚前就很愛跳舞尤其愛 Salsa，先生嘗試了一次以後就決定放棄再也沒跟我跳過舞，因為他完全跟不到節拍還同手同腳，少了他的

參與我也漸漸少去跳舞的派對場合，偶爾上上課過癮一下。六年前他帶全家進入滑水運動領域，終於因為滑水，找到一個全家共同的興趣，真是太棒了！

　　先生本來就會滑水，再次踩到板上更是駕輕就熟，而我和孩子的初體驗也讓教練大讚太有潛力。在那之前我們沒有任何板類運動經驗，但一站上滑水板（寬板 Wakeboard）就滑了一公里遠，女兒甚至從頭到尾都沒有掉水、頭髮都沒濕，教練還問我們是不是有玩過滑板，或是會滑雪，其實 Wakeboard 寬板滑水是我們板類運動的啟蒙。先滑水，之後隔年二〇一四年

才又學了滑雪（Snowboard 雪板），後來只要週末或放假好天氣，全家人就到水邊報到曬太陽玩玩水，從此開啓了我們健康的水上人生！

因爲太熱愛這個運動，一連幾個月，就連冬天到了都捨不得停，買足了裝備，天氣冷時，全家就穿著防寒滑水裝下水，原本有六百度近視的我，六年前也爲了方便滑水運動而去做了雷射矯正，從此可以拋開眼鏡的束縛，盡情的暢快水上！

水上運動就是熱血吧！尤其常常看到滑水女孩在水上的陽光熱力，總被她們的活力和青春氣息深深吸引，這和當時一般大眾認爲「白皙纖細」的美女定義是很不一樣的，顚覆了我對女人美麗的印象。滑水不只吸引我開啓新的運動領域，認識這些滑人女孩和她們相處過後，她們的熱忱更讓我想做些什麼，盡一份力來一起推廣這個運動。

記得開始滑水沒幾個月後，有天靈機一動突然想要爲這些水上嬌娃創造可以發揮的舞台，例如：辦比賽！這個念頭讓我很興奮，因爲可以讓更多人看到她們的力與美！但是曇花一現的想法很快被忙碌的工作生活掩蓋過去，沒想到原本不以爲意的想法不時浮上心頭。牧師曾告訴我：「如果有同樣的想法一

直出現腦中，這就是神給我們的感動，要重視它，不如禱告看看求主的帶領。」透過不斷禱告更加確認自己的心意後，便開始認真著手為臺灣滑水女孩策畫舉辦一場專屬的女子滑水賽。

　　從有了想法到正式比賽日只有短短三個月時間；由於我的本業是做美妝品牌公司，突然的賽事舉辦想法讓同事們多了很多額外的工作量，也讓幫忙的滑水夥伴忙得不可開交，一開始的熱忱帶來的後續壓力都不斷出現。我和先生在同一個事業體工作，把生活興趣帶進工作當然免不了會有衝突，而把工作帶進了家庭生活又變成了口角和爭執，雖然壓力和各種攔阻迎面而來，但我心裡一直知道這是上帝給我的心思意念，祂應許我做新事，祂讓我看到亮光，這件事情背後的美意，我應該要堅持。當有低潮時，我就不斷的禱告，神總是給我信念，要我放手去做不要擔心。有時候我覺得上帝在我生命中安排的人事物，每一件事、每個想法都不是偶然，都是有祂的目的，所以能讓我去做些什麼，不只是為別人付出、對別人有益，也讓自己有所得著。就像聖經中有句話「*萬事互相效力，叫愛神的人得益處*」。即便是第一次策畫大型滑水賽，我也一直抱持著信念，上帝會幫助我完成一切！

　　因為是女子賽事，加上擁有美妝產業的背景，第一次的女子滑水賽就獲得好萊塢美甲大廠 OPI 及臉部保養品牌雅漾 Avene，國際美妝品牌 MAC、以及法國專業美髮品牌 Rene Furterer 來贊助賽事，包裝打造臺灣的滑水漂亮寶貝，甚至請了攝影團隊拍攝形象照來宣傳滑水比賽。也因為首次邀請到亞洲排名的各國女子好手來臺灣參與賽事，吸引西華飯店贊助國際選手在臺停留期間的住房需求，滑水女孩們的健美姣好形象也接連獲得國際泳裝品牌 WET 及 ROXY 贊助，成功打響話題！

　　我總是抱著正面的態度來面對一切挑戰，當我盡力做好我所能的部分，我相信神會為我做我能力以外的，用祂的祝福為我帶來好的結果。果然，在颱風季節連續兩週下雨後的賽事當天，一清早就出現大太陽，在會場我感動的掉下眼淚……。這一天終於到來，在比賽船上觀看滑水時，飆速的船浪濺起水花還出現美麗的彩虹。聖經說那是神和我們的美好立約，感謝主應許我每一個期望、每一個要求，給我很棒的團隊一起合作，也賜給我們兩週以來最晴朗的好天氣，讓活動進行的很順利，讓這場賽事激起大家更多的熱情，讓更多人認識滑水，也讓滑

> 有時候我覺得上帝在我生命中安排的人事物，每一件事，每個想法都不是偶然，都是有祂的目的，所以能讓我去做些什麼，不只是為別人付出、對別人有益，也讓自己有所得著。

水運動可以更加蓬勃；即便一開始的過程有些許挑戰，但每一分投入都好值得！

最重要的是讓總是對我有嚴格標準的老公在賽事舉辦後有熱烈回應，肯定了我的努力。我很幸運，和先生有共同的運動興趣，雖然偶有意見不合也仍一路支持我投入賽事規劃，讓一連三年舉辦「美傑仕盃國際女子滑水賽」，在滑水體壇締造了一個亮眼的里程碑！

滑水界前輩劉秉堅大哥曾說：「妳初試啼聲辦的賽事就已經驚動亞洲了！在全球滑水界只聽過女子滑水夏令營，專屬女孩的滑水賽事這絕對是創舉，而且是一鳴驚人、大成功的創舉！」這不只是臺灣第一場女子專屬滑水賽，也是國際上女子

賽的第一個創舉，吸引了許多電視電子新聞媒體的報導，也成功帶起女生滑水的風潮！有了這次的經驗，也讓我之後有更多想法在往後幾年擴大舉辦，連續三年打造亞洲最大的女子滑水賽，也成為各國滑人女孩每年必來臺灣參加的盛大滑水嘉年華，並獲得國際滑水總會 International Waterski and Wakeboard Federation[1] 唯一官方列名的女子滑水賽！

從主辦單位華麗轉身為選手

在舉辦滑水賽這幾年間，因為認識不少國際的專業滑水人士和選手，我也在一次新加坡旅行中，特別去和新加坡的國家隊教練 Paul Fong 練習 Wakeboard，他帶我認識了 Wakesurf，但那時亞洲也沒有太多人在教學，回臺灣後只能和幾位同好自己摸索練習。這項快艇衝浪運動不同於海邊衝浪，而是衝船尾浪，滑人靠船艇的動力從水中拉繩起滑後，站穩浪點才放繩，必須靠自己的滑行技巧站在被推動的浪點加速滑行，充滿個人風格的自由滑行，非常適合愛跳舞的我。

因為小時候練過體操，平衡感不錯，我很快就上手瘋狂愛

上，二○一六年便投入當起了業餘選手磨刀小試，第一場賽事在「臺灣盃滑水賽」奪得快艇衝浪女子銀牌，之後不斷透過練習也參加國內舉辦的比賽，終於在二○一七年秋天，被「臺北市滑水協會」和「嘻嘻哈哈滑水學校 Super High Wake & Surf School」徵召組隊，到韓國參加我的第一次海外賽——世界滑水總會 WWA Asian Wake Series Korea 亞洲巡迴積分滑水賽——韓國站，並且很幸運的奪得了快艇衝浪公開組女子冠軍。首次出征意外奪牌的欣喜，就好像上帝為我開啓了一扇門擴張了我的境界，奠定我在這項運動上持續往前的決心和自信，回到臺灣也更加的努力，踏入選手生涯之路。

　　直至二○二○年秋天，我跨入滑水運動滿七年，我已參賽二十九次共計三十八場次的比賽，參賽項目包括 Wakesurf 快艇衝浪和 Free Slalom Waterski 自由曲道滑水，水上足跡滑過臺灣、香港、澳門、新加坡、日本、泰國、韓國、美國，至今在各個項目上奪牌三十一面。

---

1. 國際滑水暨寬板滑水總會（International Waterski and Wakeboard Federation，IWWF）是國際間的滑水、寬板滑水運動管理組織，成立於 1955 年。原名爲國際滑水總會（IWSF，）於 2009 年在卡加利舉辦的大會上決定改爲現在的名稱。

翻轉人生最重要的事——從受洗開始

人生這幾年的重大改變，除了結婚生子後，就是受洗了吧。

聖經裡有段經文說：*若有人在基督裡，他就是新造的人，舊事已過，都變成新的了。*——哥林多後書 5:17

回顧看我的熱血人生，就是從受洗後開始的⋯⋯。

曾經的我，接受別人為我貼的標籤，在乎並且努力著想要達成別人心目中那個好的標準，當我達不到，我就會對自己產生懷疑，覺得是不是自己不夠好，同樣的，我也不知不覺會用

一樣的標準來貼別人標籤。

　　學生時代，我努力成為功課好的學生，因為老師會用成績當分水嶺，把功課好的歸類為好學生，功課不好的歸為壞學生，有參加課後補習的才是老師眼中好的學生，自然而然，我也只想和這種好學生當朋友，並且總是很在意別人怎麼看我。回首過去讀書生活，我的歡樂童年很早就被書本考卷淹沒，那幾年下來的生活重心就是拚成績，埋首在一疊又一疊的書堆當中。印象中的年少時光幾乎都是不停的補習生活，我想不起來

學生時代有什麼值得回憶令我驕傲的事,除了後來學了跳舞時才發現自己其實也有光芒,能讓別人看見。

　　有一年因為成績功課表現好我被選為一門科目的小老師,負責幫老師登記所有人的成績單和評分,有一次自己不小心考差了,為了不讓老師看輕,我私自竄改了分數,只想維持自己好學生的表象,其實我是一位道德感頗重的人,我錯看了價值觀而違背良心,至今想起仍覺得罪惡感。那時單純以為人生的定義就是分數,而分數代表了我的價值,我不懂什麼叫「做自己」,更遑論看重自己的價值;雖然我有非常愛我的爸媽和幸福的家庭,但他們也是在世俗框架下培養我們長大。如今自己成為人母,有了信仰,我學會用不一樣的眼光看待我的孩子,更讓他們了解上帝創造他們是獨一無二的,用豁達的態度接受自己的一切,不論你的強項是哪一塊,都有發光發熱的機會,只要你重視它琢磨它!

　　我曾經是個優柔寡斷的人,做不了決定時就跑廟裡去擲筊求籤問神明,不然就去算個命,還沒遇到困難就先杞人憂天,曾經為了感情事在香港黃大仙廟拜拜求籤,在英國留學期間,也因為親人過世差點放棄最重要的碩士論文,天人交戰下趁著

回臺灣時跑去人家說很靈驗的乩童宮廟卜卦……。現在想想，當時多麼愚昧，我為什麼把自己重要的未來交託在不認識的人口中，聽了就很難不被這些話語挾制住。直到受洗後，我再也不用透過求神卜卦來論斷我的命運，不用看每週星座來決定我要做什麼，我心裡不會再有這麼多的擔憂：假如這樣該怎麼辦？假如那樣該怎麼辦？每每心思軟弱時，我總是向神禱告，我可以毫不保留的向神訴說，祈求祂給我心思意念，祂總是賜給我出人意外的平安，保守我的心懷意念。因為信仰，的確改變了我的思維。

帶領我信主的兩位重要的人

雖然我的先生從小就是基督徒，他們是基督教家庭，除了先生一人在臺灣，所有親人都分散各地，但我來自於一個沒有特別信仰的家庭，倒是比較像牆頭草，人家說什麼靈驗我就去聽什麼拜什麼，嫁給他多年也不曾有過想受洗的感動。直到小孩出生上了小學，女兒六歲時有一天我送她去學校，在學校的餐飲休息區坐了下來，平常我送小孩去學校是不加逗留的，

當天不知怎麼著就想喝杯咖啡坐一下，一位婦人在我對面坐了下來，她是 Catherine。當時我們剛入學不久和她並不熟稔，可能在學校活動場合見過她認出了我，便自我介紹說她孩子和我女兒是同學，我很禮貌性的也跟她打了招呼，接著她便談起了她的兒子 Benjy。她說幾個月前因為兒子生了很嚴重的病，在加護病房住了三週，差一點要做換肝手術，我聽了心裡一顫，她繼續說……那時她天天在加護病房為兒子禱告，直到醫生告訴她：「如果孩子有什麼願望還沒做，你們就盡快為他達成吧！」當下聽到這個，同樣身為母親的我已經快要止不住眼淚落下，太震撼了，她說她還是用堅強的信念每天不斷向神禱告，原為非基督徒的爸爸看著媽媽如此為孩子，也感動的和兒子一起在加護病床前受洗並且日日為他禱告。

她告訴我：「在人不能，在神凡事都能。」她禱告感謝神在有了三個女兒後，意外的又給了她一位兒子，如今連醫生都束手無策告知這樣的手術有一定的風險，她不忍小小六歲身軀要冒生命危險受這麼大的手術，她說從來沒求過神什麼事，但她為了孩子，拜託她全世界在各個國家的每一位朋友，一起為孩子代禱，神聽見了！神聽見了一位母親的呼求，在手術預定

> 每每心思軟弱時，我總是向神禱告，我可以毫不保留的向神訴說，祈求祂給我心思意念，祂總是賜給我出人意外的平安，保守我的心懷意念。因為信仰，的確改變了我的思維。

日的前一天，醫生在例行檢查時發現孩子的某項極具指標的醫療指數原本一直過低，居然突然回升了，這讓醫生緊急喊停取消了隔天早上的麻醉團隊和開刀手術，這是多麼不可思議。醫生對媽媽說：「不是我們救了你的孩子，是你的神救了他。」連醫生都不禁說這是奇蹟，之後他沒有再動任何手術。Benjy 目前已經十四歲了，是位健康的孩子，在籃球運動中有傑出的表現。一段沒有安排的偶遇，讓我聽見了一位母親強大的信心見證，這著實感動了我，讓我對她口中的這位神，好奇並且渴慕認識祂。我受洗當天特別邀請了 Catherine 全家人來分享我的喜悅，在唸出我的見證分享時特別提到了她的故事，她在台下激動得熱淚盈眶告訴我，她感謝神讓她沒有白白經歷這一

切，因為這個祝福感動了我因而認識神，相信將來我的故事也許也會影響到身邊甚至是不認識的人。

另一位領我信主的，是認識多年的姊妹——蔣雅淇，我們因為孩子活動而認識，兩家人常常玩在一起非常熟稔，她的企業家老公關恆君我們都稱他關哥，是一位相當照顧人的大哥。二○一二年他被宣告胰臟癌，同一時間雅淇姊妹的爸爸也被診出肝癌末期，更令她不捨的是在照顧兩位最親的病人期間，媽媽卻在睡夢中先過世了，接下來半年內，她的爸爸和先生也相繼離世。身為朋友的我們，都無法承受這樣的打擊，更遑論那是她最親愛的家人，那段時間每每要安慰她時，自己都先哭成淚人兒，反而是她轉過來安慰我們，她是一位堅強又充滿韌性的人，如果不是有信仰撐住，我懷疑有誰能度過這樣的人生巨變打擊。

關哥病重過世前，她帶著親朋好友讓我們有機會在醫院病房與他做「愛的四道」：道愛、道謝、道歉、道別，不讓人生中與關哥的連結有所遺憾。關哥的離世，讓我想起了過去參加最親的外婆和其他親人過世時要做七的喪殯習俗，總是讓我哭了又哭，不斷陷入那死蔭幽谷的低潮，在我心裡深處有著對死

亡恐懼害怕的陰影。在參加關哥告別式追思會時，是我第一次走進真理堂，充滿光亮迴盪著溫暖的詩歌中，雖然我還是淚流滿面，但我的心裡不是害怕，雖然不捨難過，卻是充滿對關哥的懷念和對永恆生命的盼望。那段時間下來，我看到的雅淇姊妹和她的兒女，不是面露愁苦，取而代之的是充滿著正面與堅強樂觀的信念，因為他們有天父爸爸的愛，這個愛的延續讓家人沒有因為打擊而倒下，反而更加堅韌。

這讓我更加想要認識這位上帝了，為什麼有如此強大的力量，一開始因為想要陪伴她而三五姊妹常會去她家聚聚，她會和我們分享聖經中話語帶來的力量和她如何面對傷痛時的心情，漸漸的聚會變得越來越固定，每每從她家走出，總是讓我心裡有很多的不一樣。

有一天醒來，我清醒的第一個念頭居然是「我想受洗」，就這樣，我成為她家「恩典餐桌」上第一位受洗的姊妹。二〇一四年生日前夕，我帶著兩個兒女一起在真理堂受洗！她說，從沒想過看似順順的我會需要神，結果我是第一位在她家的信心小組恩典餐桌上帶領受洗的姊妹。你永遠摸不著上帝的安排。雅淇姊妹影響了很多人，因著神源源不絕的愛，總以不一

樣的態度看待周遭環境樂於分享福音也為別人帶來祝福，讓人感受到她滿滿正能量，在這主內大家庭裡大家彼此安慰造就、相互代禱扶持，因著認識神的愛，翻轉了我的人生，期盼你也能感受得到。

一連三年砸千萬，只為讓女子滑水被看見

俗話說賠錢事業沒人做，但如果你有熱忱，當然就義無反顧！

「美傑仕盃女子滑水賽」創造了臺灣滑水的歷史，也是全球首次的女子專屬國際滑水賽事創舉！

一股熱忱，頭洗下去，一辦三年！萬事互相效力，凡走過必留下痕跡，如果你在網上 Google 搜尋「女子滑水賽」就能看到我們當年的熱血沸騰，著實在亞洲吹起一股女子滑水熱潮，也因為當初踏入滑水運動的一股熱忱傻勁，讓我和滑水體

育界結下了緣分。從賽事策畫人到轉戰選手身分，幾年下來深耕亞洲滑水圈，直到現在每每參加不管是國內或海外滑水比賽，總是會碰見老朋友，異地敘舊分外珍惜，身為滑水人的情分永遠熱血不滅！

有人問：辦滑水賽能賺錢嗎？我笑了笑回「當然不可能」，這不比像路跑或三鐵等大型賽事，動輒上千人的參賽者繳交報名費，能概括承受賽事的花費甚至創造高額利潤。滑水運動在臺灣仍屬於小眾運動，不含國際裁判、權利金、官方代表邀約、賽事行銷宣傳及工作人員等的人力需求，光是比賽所用到的硬體像是快艇、耗油、機械器材損耗都是極大的花費。為了夢想，說服先生一起出資冠名贊助賽事，連續三年舉辦，軟硬體投入將近一千五百萬，說白了，也是因為先生願意支持，才造就了我對女子滑水的夢。

也因為這樣的付出，讓臺灣滑水運動日益蓬勃起來，直至二〇一七年我停辦比賽專注在選手生涯比賽的練習，但各大滑水俱樂部崛起也豐富了臺灣的賽事。我也持續以公司名義贊助滑水俱樂部和滑水學校及賽事活動。如今滑水運動在臺灣遍地開花，甚至每年都有大規模的賽事，尤其臺灣最大的指標賽

事——臺灣盃國際滑水賽，更是聚集各地好手來臺灣參加。讓滑人有更好的舞台可以發揮，臺灣滑水已在亞洲打響名號，占有一席之地。我特別感謝「美傑仕集團」長年來的支持，我也很欣慰，自己從二〇一三年踏入滑水運動領域到現在，仍然活躍在這個運動當中，從來沒有放棄過。

二〇一四年十月第一屆美傑仕盃——
全球首創女子專屬滑水賽事
在鳳凰颱風剛過的豪雨季

　　滑水人靠天吃飯，尤其戶外水上運動，沒有好天氣，活動就增添很多風險變數，尤其臺灣夏季颱風多，儘管每次前後挪移不同時間，仍然遇颱風或豪雨夾擊。但是，我們總是關關難過關關過，每一屆的「美傑仕盃女子滑水賽」最後都非常順利完成，並且成功創造話題！感謝主，讓信念戰勝一切困難！

　　印象中的滑水運動，好像是男生專屬的極限運動，在此賽事之前，不要說臺灣，甚至在全球滑水運動界，都沒有辦過正式的女子專屬滑水賽事。臺灣美傑仕盃是創舉，當時在臺灣，

滑水仍是小眾運動，鮮少大眾知道什麼是滑水，為了讓更多人了解滑水女孩的魅力，與「飛魚滑水俱樂部」一起合作，將臺灣幾位參賽選手集結起來拍攝宣傳照。因為我們公司本身就是專業美妝背景，力挺自己辦的賽事當然不能缺席，除了自家品牌——好萊塢最大的美甲品牌「OPI」及法國專業美髮「Rene Furterer 萊法耶」的贊助之外，也吸引多家知名美妝品牌來打造滑水女孩整體妝容，強化水上運動後的肌膚保養。健美的滑水女孩們成功吸引國際泳裝贊助時尚比基尼，每位女孩們都開心說簡直是巨星包裝規格一樣被打造，滑水漂亮寶貝就此誕生。

當我們邀約媒體來拍攝賽事時，許多記者都驚為天人相當關注，也都驚訝原來不用去到外島或外海，臺北就可以玩這

每每我向上帝感恩，謝謝祂總給我許多的機會涉獵不同的
事物，又讓我有瘋狂的熱情有能力可以做些什麼，祂讓我
有這個想法念頭，祂告訴我這是在做對的事，每每都加深
我的信念，讓我可以堅持理念去執行。

項運動。在我們賽事號召，以及飛魚滑水的夥伴們熱情協助
下，集結了全臺灣從北到南的滑水女孩一同共襄盛舉。許多俱
樂部的夥伴們也前來協助賽事，大家都好興奮有這樣一個盛大
賽事讓他們參與並一展身手。爲了讓首次舉辦的第一屆美傑仕
盃更加吸睛，甚至重金邀請其他國家在亞洲排名前幾名的女子
寬板滑水好手到臺灣做表演賽。那時想要與這些國際級的滑水
選手交流只能飛到國外，想要和他們同場賽事滑水也有相當的
門檻，藉著「美傑仕盃」的舉辦，讓這些國際選手第一次來到
臺灣參加賽事，透過這次的賽事安排，能讓選手們彼此切磋交
流，也鼓勵更多女孩們投入這項運動。

　　由於第一次策畫大型水上賽事，在求好心切下讓整個活動

預算超支，我也因此背負不少壓力，加上賽前兩週不停的下大雨，都讓我充滿憂慮，深怕投入那麼多心血會白費。尤其牽涉到許多國際滑水人的行程都已確認也不方便臨時更動日期，除了一切準備就緒，我只能禱告交託給神堅定自己的信心，因為辦滑水賽的一切想法是由祂而來的起心動念，我相信祂必會成全給我們最好的結果。

一直到賽前最後一天，幾位國際選手抵台來到微風運河賽場練習時，還碰上雷電大雨暫停練習，我只能不斷的禱告，希望這連日以來的豪雨，能在這天全部下完，隔天給我們完美的好天氣。感謝主！神真的給了我應許，比賽當天一早，微風運河出現彩虹，太陽熱情的高掛天空，水面平穩無浪，是最棒的比賽狀況，一切都如此順利。賽後許多滑人來向我們道謝道賀，謝謝美傑仕盃給他們這麼棒的比賽體驗，看得出來大家有多感動能有一個屬於滑水女孩的表演舞台，每個流程都賓主盡歡，我真的無法說出我有多感謝。許多電子及網路媒體也都到場播報，幾乎每段新聞都有長達一分鐘的露出報導，讓更多大眾好奇想體驗這項運動，第一屆的美傑仕盃大受好評也達到很好的效益，讓我決定隔年要再度舉辦賽事。

媒體報導
東森新聞：臺灣首次女子滑水賽 亞洲好手全到齊
2014/10/17

＊　＊　＊　＊　＊

二〇一五年八月第二屆美傑仕盃──
前有蘇迪勒中颱，緊接天鵝強颱
是信心的考驗

　　我常常逢人就分享滑水有多好，眞的太幸福，雖然仍是小眾運動，但各俱樂部都在默默努力推廣，應該要讓更多人關注滑水。其實從二〇一四年開始策劃到執行，短短只有三個月時間，當初很多人質疑我們是做美妝的，爲什麼要花這麼多心力涉入在臺灣還算是小眾運動的推廣，甚至還開玩笑說我越來越不務正業。在公司會議上提出這個想法時，我還拿滑水運動是展現女孩力與美最好的表現來說服公司團隊和我的大老闆（我的老公）。非常感謝他一直支持，自己也全力跳下來推動，甚至願意爲了給滑水選手更好的硬體設備，斥資數百萬購入更專業的滑水賽艇，讓比賽更有看頭！

　　我是虔誠的基督徒，每每禱告我向上帝感恩，謝謝祂總給我許多的機會涉獵不同的事物，又讓我有瘋狂的熱情與能力可以做些什麼，祂讓我有這個想法念頭，祂告訴我這是在做對的事，每每都加深我的信念，讓我可以堅持理念去執行。

　　記得第一屆活動前兩週也是每天下雨，但到了週日賽事當天卻意外的艷陽高照，讓活動非常順利成功，女子滑水開始受到媒體和大眾的關注。看到這群充滿熱血的滑人們那麼開心，我們也好開心，就連我們這群在幕後策劃坐辦公室的同仁們，都被這股熱情感染了，我從滑水上得到很多正面能量！

　　有了前一年的好口碑，二〇一五年的第二屆美傑仕盃，更是讓我早早提前規劃。由於我的部門同仁主要是負責美妝業

務，並非專職賽事規劃團隊，我們也沒有找公關公司來操刀規劃，所以大家除了平時的工作業務量之外，也必須花額外的時間來

配合我的要求做賽事的策畫運作，雖然很辛苦，但大家都被這個活動的熱血給感染了，非常盡心盡力，我真的很感謝我的團隊同事們。

　　為了延續前一年的美傑仕盃盛況，第二屆的賽事我特別邀約我非常欣賞的運動名模王心恬，來擔任美傑仕盃的宣傳大使，邀請她來體驗滑水，沒想到她一試成主顧，也愛上了這個運動，自己還掏腰包買專屬的滑水板來練習，在短短沒幾個月的時間，就學會許多水上滑行技巧，驚艷媒體圈。除了邀請心恬擔任形象大使之外，因著前一年的好口碑，吸引更多廠商合作共襄盛舉，我也舉辦線上滑水漂亮寶貝票選活動，由攝影大師為人氣最高的滑水選手們拍攝宣傳用的微電影 MV，並且在賽事當天舉辦攝影比賽，吸引更多攝影同好來為我們拍下精采一瞬間。

　　因為第一屆的盛況讓大家引領期待這場女子滑水嘉年華，第二屆的美傑仕盃吸引更多亞洲其他國家的女子選手主動報名參加。有鑑於前一年的豪雨季影響，我們特別將賽事提前至八月舉行，沒想到至賽前三週，又接連碰上兩個颱風，甚至造成市區嚴重淹水，連微風運河都爆漲影響了周圍環境，讓原本漂亮的水域受創不少，原本要改期也因為種種因素只能照原定計畫執行。雖然到賽事前幾天水退了，我們的賽事得以照常進行，但是因為淹水沖刷腹地的泥土，整個微風運河變得黃澄澄，岸邊腹地也都成了泥巴地，為了安全和選手舒適感著想，我增加支出，臨時請木工搭建木板防滑走道平台和穩固舞台的強化設施，又是一筆額外開銷。深怕賽事無法盡善盡美，種種壓力排山倒海而來，既然無法改期，只能一切盡人事聽天命，不斷禱告然後硬著頭皮照計畫走。

　　到活動前一天還在大雷雨，賽制策劃負責人也只好前一晚決定調整程序，因為當天氣象預報也是豪大雨，這讓我更加欽佩滑水人的熱情，還有他們的開朗樂觀。好多人安慰我沒關係，不要擔心，就算下雨她們還是滑得很開心，老實說我幾乎時時刻刻在禱告甚至差點質疑我的上帝，問祂：「是祢要我起

的頭，為什麼給我這麼多阻礙，祢要幫助我們完成它！」賽前一晚雨沒停，我一直沒停過禱告，突然心裡浮現聖經馬太福音十一章二十六節中的一段：「耶穌對他們說：為什麼膽怯呢？你們這些小信的人哪！耶穌就起來，斥責風和浪，湖面就變得一片平靜。」我頓時放下了，只有神能掌管一切！祂不會白白讓我走到今天然後毀掉一切。

　　比賽當天天候不可思議的配合，原本一直到早上五點起床都還在下雨，卻在七點正式開始比賽時停了。太陽露臉給了我們美麗的陽光，賽事進行一路順暢，中間時而一點點短暫毛毛雨，天空露出陽光還非常熱，在艷陽下拍照的攝影師一度快曬傷，大家準備的外套和雨衣都派不上用場，就連下午一度黑雲飄到湖面上空雨都沒落下，雲層就閃過微風運河了，很難想像前一天還在雷電豪雨交加，一直自豪當了十年童子軍的老公都說不可思議是奇蹟！

　　直到活動接近尾聲時雨才開始下，整場賽事完美順利，最後一兩分鐘的大雨還讓臺灣選手鄧佩珊表現出奇的好，拚入公開組第三名！滑水前輩劉哥告訴我說：「妳要感謝妳的上帝，微風水位本來不是很高，周圍的木樁造成的回浪不利比賽，因

為賽事前的颱風和不停的大雨，讓微風水位升高，讓回浪變小有利選手表現，反而讓臺灣的選手佩珊奪下銅牌，這是雨中的勝利啊！」活動結束後，我在車上和老公手拉手禱告都哭了，上帝給我的確信，這是在做有意義、是對的事情，感謝祂幫我們再次成就一樁美麗的賽事。

第二屆美傑仕盃圓滿落幕，各大媒體都到場報導，焦點集聚女子滑水，我們的舞台越來越寬廣了，每一次努力的累積都讓臺灣滑水界更加蓬勃，讓女子滑水的魅力被更多人看見！雖然微風的水沒有之前那麼清澈，漂亮草皮多了泥濘有些許的美中不足，但是大家玩得好開心，也讓這個產業凝聚各大滑水俱樂部的熱情，紛紛帶著自家選手來比賽。因著我們的合作夥伴飛魚俱樂部和協會所有工作人員以及每一個廠商贊助的支持，還有那些帶著熱情來參賽的選手，大家的表現都太棒，讓現場觀眾湧出了激情。經歷兩屆賽事從頭到尾的策畫執行，也歸功於我們美傑仕公司最棒的行銷公關團隊，還有最愛我的天父阿爸！

我們曉得萬事都互相效力、叫愛神的人得益處、就是按他旨意被召的人。——羅馬書 8:28

媒體報導：
東森新聞：全球唯一女子滑水賽，美傑仕結合運動與時尚
行銷臺灣　2015/8/31

＊　＊　＊　＊　＊

二〇一六年九月第三屆美傑仕盃——
瑪瑙熱帶風暴和莫蘭蒂強颱包夾
連續三年打造女子滑水嘉年華，創造媒體話題，
引領女子滑水風潮！

　　期待已久的美傑仕盃女子滑水賽來到了第三年，再度登場！

　　許多亞洲其他國家的滑人朋友都告訴我們說，他們每年都很期待美傑仕盃，它不只是一場比賽，就像一場嘉年華，很歡樂很享受很難忘！因為一股愛滑水的熱情所發起的比賽，雖然是公司業外活動和創造業績毫無關係，但對我來說，「美傑仕盃滑水賽」的意義遠大過金錢能衡量。還是要謝謝先生Thomas連續三年給我的支持，甚至為了讓賽事呈現國際水準，

再度添購第二艘新的賽艇，讓硬體功能和場面都更加完善，選手真的很幸福！

　　看到這些年輕滑人因為有好的船艇可以練習滑水，透過贊助選手能夠讓他們做出超乎之前水準的高難度跳浪動作，就覺得好棒喔！延續連兩年的好口碑，第三年的比賽更擴大舉辦為兩天賽事，除了吸引更多亞洲各國女子好手參賽，其中包括來自中國的退役滑水金牌皇后陳莉莉來臺參賽，吸睛的水上演出

結合攝影大賽，岸上吸引了超過百位的大砲攝影師為我們記錄下珍貴的畫面，留下許多珍貴美好的回憶。也因為過往在許多運動上男女比例懸殊而女子的表現越來越受到國際關注，因而這場女生專屬的美傑仕盃滑水賽，不只受到 IWWF 世界滑水總會的官方支持，連 IWWF 總裁及高階主管都親自由歐洲及美國飛來臺灣，希望藉由我們美傑仕盃女子賽的成果經驗，分享給各個國家，共同來強化推廣女子滑水賽事！這不僅振奮了我們國內外女子滑人，更是女子滑水運動上的新里程，凡走過必留下足跡！

　　我感謝主，祢的應許一句也不落空！從一開始由祢而來的起心動念，一直支持我的信念勇敢做很多事，一路走到現在！這幾年以來，這句經文深深烙印我心裡，支持著我：並且仰望神的應許，總沒有因不信心裡起疑惑，反倒因信心裡得堅固，將榮耀歸給神，且滿心相信神所應許的必能做成。——羅馬書4:20-21

媒體報導：

1. 東森新聞報導：美傑仕 3 年砸千萬買船，刺激提升臺灣滑水環境品質　2016/9/3

2. 東森新聞：全球唯一美傑仕盃女子滑水賽，日韓港臺好手爭后冠　2016/9/3

3. 華視新聞：寬板滑水賽 女玩家秀絕技！　2016/9/3

4. 自由時報報導：滑水》辣模王心恬再戰 攜手藍鈞天成功挑戰名人賽　2016/9/3

征戰滑水比賽屢傳佳績

　　三十五歲開始接觸滑水運動，隔年因著信仰受洗，上帝開創了我一個全新的舞台，我成為一名滑水選手，這真的不在我人生規劃裡，祂帶領我走過未曾去過的地方、未曾想過的旅程。

　　這幾年不知不覺跑了好多場國內外比賽，橫跨好多國家，先生說很佩服我不嫌麻煩、不怕累，飛那麼多趟比賽，好姊妹說我一個女生怎麼可以忍受這樣在水上風吹日曬，雖然過程很辛苦，這一路走來也不容易。其實我並沒有刻意安排去追求什

麼，很多事情真的是神在帶領，我只知道，滑水讓我從中獲得很多快樂和自信，我相信上帝對我們人生都有著不一樣的計劃，很多機會臨到眼前，我就是把握並且全力以赴。也許是信仰堅固了我，讓我變得更強大，那股動力就不停源源而來。

　　我小時候都在讀書補習考試，從沒機會參加什麼運動校隊，就連喜歡的跳舞和音樂都因為補習考試被犧牲掉了，直到結婚當了媽媽後，才因為孩子的成長而真正有機會好好正視自己的運動興趣，認真過自己喜歡的人生。所以不論參加什麼形式的比賽，對我而言就是個滑水活動。人有失足馬有亂蹄，輸贏平常心，雖然比賽那麼多場，也不是每一次都可以拿到好成績好名次，但我熱愛滑水的初衷從來沒變過，即便表現不如預期，我也是笑笑帶過，不要沮喪，告訴自己再努力就好。運動教會了我不要把得失心看的太重，它帶給我的收穫已勝過所有辛苦和挫敗，我只想繼續向前。每一次在水上的練習，風雨無阻，只要能下水我都很珍惜、很努力，做一件事如果不是真的很熱愛，也很難持續下去。

　　很多人問為什麼我有這麼多的精力，追求熱血生活為的是什麼？除了給自己生命留下不一樣的見證，也希望我所做的每

一件事情都給孩子帶來影響。身為一位有家庭的婦女，我非常感激先生的包容和家人的支持，給我很大的自由和空間去發揮所長、追求夢想，也讓我成為孩子眼中的好榜樣，人家說母親是孩子心中最重要的精神支柱，會領導他們想成為像你一樣的人，在他們眼中，我是一位努力不放棄的媽媽！我希望在他們心目中永遠是一位很酷的媽媽，努力追夢活的精采，讓他們也能勇敢冒險，長大後追求屬於自己的熱血人生！

鼓勵大家做自己真正喜歡、充滿熱忱的事，才能把潛力發揮到極致，不被困難擊倒，在你的所在之處綻放光芒。

* * * * *

二〇一七年九月 我的第一場海外賽——
WWA Asian Wake Series- Korea Championships
亞洲滑水巡迴積分賽——韓國站
一場奇妙的恩典之旅，奠定了我往後在滑水運動的選手生涯信念

　　二〇一七年的農曆年假期，我和家人在日本滑雪，因為天氣不好、雪況不佳而我又太好強，在黑線雪道上發生意外，導致左手肘脫臼嚴重扭傷；因為傷到的左手是我平常滑水拉繩的慣用手，回到臺灣後足足休養了三個月，還得透過復健才能讓左手力量恢復再回到水上練習。但我並沒有氣餒，反倒感謝神，讓這個意外提醒了我要更加警醒謙卑，不能如此大意，即便是拿手的運動都要謹慎以對，而且只是脫臼沒有斷骨，已是不幸中的大幸！

　　受傷後並沒有想過要這麼快投入比賽，在回到水上苦練三、四個月後，臺灣專門培育快艇衝浪選手的「Super High Wake & Surf School 嘻嘻哈哈滑水學校」就問我要不要報名參加 WWA (World Wake Association) 亞洲巡迴滑水賽——韓國站

賽事。從來沒有出國參賽經驗的我，面對難得的機會在眼前，抱著到國外取經的心態就一口答應了！

記得當時一到達韓國比賽會場時，看到那講台上五公斤重的美麗獎盃還喃喃自語：「多希望可以把它帶回家！」比賽當天很早就到賽場準備，早上六點太陽剛升起，金黃色陽光灑在水面上，我記得自己站在水邊面對廣闊的漢江，感動的禱告起來。我向上帝訴說我的感恩，身兼家庭與職場多重角色，還能自在地做自己喜好的運動已經很滿足，從來沒想過可以成為選

手出國比賽，在人生這階段還能如此熱血的追求夢想，心中真的滿滿感動。感謝神對我生命的安排，讓我的人生有不一樣的火花，我相信祂對我的生命有美好的計畫！

回想當初二○一五年聖誕節在新加坡初體驗了 Wakesurf 就愛上，那時踩在板上還搖搖晃晃，一回到臺灣就一頭栽下去練習，在國內參加了幾次比賽小試身手──二○一六年臺灣盃、二○一六第一屆 Malibu Taiwan Open、第三屆美傑仕盃女子滑水賽，才首次赴海外參加大型國際比賽試水溫，沒想到這一步步都是引領我滑向更遠的目標。

這次被徵召一起組隊出征韓國，是我第一次海外的國際賽，賽前試浪時，對於當時較少有海外賽事經驗的我們，面對不同於臺灣水域，漢江的浪又大又深，船速設定也相對較快，腳感和臺灣練習的完全不同，著實打亂了我的腳步，當前的壓力是必須要馬上適應不同的浪況。由於每個賽事系統規則不同，這場比賽選手要在一分鐘內完成自己所有動作，選手只有一次落水機會，前提是要在四十秒內落水才有第二次機會重新起滑，在剩餘秒數內把動作做完，每一秒鐘都好重要，所以動作的編排順序拿捏可得緊湊順暢分秒不差。

老實說，第一次面對這種大場面，心裡很忐忑不安，不管練得多勤勞總覺得練習不夠，只好告訴自己平常心，抱著志在參加、磨練勇氣拿經驗的目標就好，不敢奢望前三名！初賽時，在幾個動作滑行後落水，幸運的我還有二十一秒，心裡默默地感謝上帝給我好運氣，讓我掉得正是時候，完美的掌握在可以第二次起滑的秒數邊緣，把其他動作完成。結束時連裁判都說：You are lucky!

　　賽前不斷禱告讓自己心定下來，發揮應有實力，因為浪況比想像中大許多，到決賽前一天我都還猶豫是否應該嘗試不同的動作流程，拿不定主意只能不斷在心裡禱告求上帝指引我的腳步，穩穩站在水上。我知道自己會全心全意努力，只要把結果交給上帝就好。回到賽場，我放空腦袋試著不讓得失心左右自己，接著決賽上場，當檢錄員問我起滑邊，當下決定改由背向起滑出發（即身體背對著浪面起滑滑行），就算都失誤了最終也有前六名，就勇敢吧！最後在時間終點到前把360度水面旋轉轉完，還算順利！其實我在水裡起滑時都還在禱告，根本是一邊滑一邊禱告，這反而讓我很專注在滑行，完全沒在注意秒數！

　　感謝主，幫助我鎮定下來做最後的臨機應變並且勇於嘗試！賽後成績公布時讓整個團隊都欣喜若狂，我當場只有尖叫加掉眼淚！這是臺灣滑水學校第一次組團隊赴海外參賽，沒想到臺灣選手分別獲得了女子組快艇衝浪金牌及銅牌，太不可思議、太意外、太感動！

　　你們知道嗎，選手下榻飯店離會場車程十分鐘，回到房間望向窗外是整排平凡無奇的建築我原來也沒注意，但當夜裡心神不寧忽然拉開窗簾望去，看見僅剩下十字架的光輝映入眼簾，當下心裡真的充滿感動，好像是在提醒我要定睛在主、心無旁騖。我知道每次禱告祂都在傾聽，感謝神一直與我同在。從踏入滑水領域開始了這個喜好到舉辦滑水賽——美傑仕盃起，一步一步帶領著我走下去，讓我對這個運動越來越有熱忱。感謝主一直加添我力量，讓我有機會有能力站在這裡，我告訴自己會一直努力下去！

　　也很感謝帶著我們比賽的「嘻嘻哈哈滑水學校」和教練隊友的互相支持打氣，賽後我們一起手拉手禱告，大家感動得都哭了，這真是很美好的海外賽初體驗！

＊　＊　＊　＊　＊

二〇一八年九月 WWA 亞洲巡迴積分賽──韓國站
有時候除了技能，比賽還是要靠運氣！

　　這大概是我參加過印象非常深刻，最哭笑不得的一次比賽。

　　二〇一七年，我在韓國拿下 WWA (World Wake Association) 亞巡賽的女子金牌，初嘗了甜頭，但場上可沒有永遠的冠軍。隔年九月，臺北市滑水協會與嘻嘻哈哈滑水學校再次組成臺灣滑水隊，浩浩蕩蕩大陣仗出發到韓國參加「二〇一八亞洲滑水巡迴積分賽」，沒想到這次賽場不同於去年，新的水域因為賽前幾週受到颱風影響，加上異常高溫造成水草快速增

生分布了整個水域。滑水賽有分不同的項目，對於主要在水面上滑行跳躍的 Wakeboard 寬板項目是沒什麼太大影響，但對於 Wakesurf 快艇衝浪項目來說，因為衝浪者使用的浪板有像鯊魚齒一樣的 Fin 雙勾或大小四個 Fin 勾在板下，在水面滑行時可以卡住浪來加速和保持穩定，因此水面下移動漂浮的水草就像不定時炸彈一樣，讓滑行變得困難重重，滑沒幾下板子下的 Fin 就隨時可能會勾到水草。卡了水草的板子加速吃力不說，動不動被水草絆到 Fin 時只能莫名其妙地被硬拉扯落水，自認倒楣。

主辦單位雖已派船除水草，但不穩定的水流仍帶動水草不停浮動，我在賽前一天練習時完全無法做好的發揮，簡直就是看運氣，大會在盡最大努力改善水草狀況後宣布比賽照常進行。因為對所有快艇衝浪選手來說，比賽狀況是一樣的，也只好各憑運氣考驗每位選手的臨場反應，所以這場比賽又多了一個無法掌控的因素，最後我們臺灣女子隊三人都闖進決賽，可惜我在滑行中被水草絆到時反應不及，無緣站台拿牌，僅獲得第六名！兩年的名次落差，也證明賽場沒有永遠的贏家，練習的表現不代表結果就一定完美，重要的是過程你獲得了什麼。

雖然有些遺憾，但回想起來也還是讓我會心一笑，算是另類的比賽經驗，也從這趟比賽當中有新的領悟：面對眼前的一切，不管你是否準備妥當充滿自信，都要心存謙卑，因為你永遠無法掌控所有環境和一切的變數。身為選手，要面對許多比賽，場上沒有永遠的冠軍，也有太多在比賽中影響成績的因素，我只能告訴自己，每一次盡全力，不和別人比較，謙虛學習，看別人比自己強，最重要的是這個過程經驗我是否有新的感受和得著。不見得是在最後的成績表現上，整個過程和經歷都是我重視的，這樣也就不會患得患失，跳出框架當作在看自己的故事，會發現不管結局是好是壞，都會很有收穫。

　　然後，放下過去向前看，把目標放在下一次的進擊！

二〇一八年十一月 IWWF 新加坡亞洲滑水十六國錦標賽
臺灣首次組成快艇衝浪國家代表隊

　　我深信，當你用熱忱全心全意投入一件事，你就能使它變得不平凡，我原先只是石頭，經過努力的琢磨，原來也可以閃耀出光芒。

　　當初投入滑水運動時，從來沒想過一個休閒興趣有一天可以讓我成為一名國手、一位中華健兒！當你抱持著努力的初衷，全力以赴，機會來臨時，你就能抓得住！

　　自從二〇一六年開始轉戰選手生涯後，我更加努力投入練習，也陸續參加國內外各項比賽，給自己更多的歷練。不知不覺來到滑水生涯的第十四場比賽。二〇一八年十一月「中華民國滑水總會」及「臺北市滑水協會」共組中華隊，我也獲選代表臺灣到新加坡參加亞洲滑水錦標賽，這是我第八場的海外賽。不是第一次出國比賽了，卻是第一次領了證書當選中華隊正式國手，格外雀躍啊，這大概是繼當上人妻、成為母親之後，最讓我開心驕傲的事了！

　　雖然寬板滑水項

目並非中華隊第一次出賽，但卻是臺灣第一次正式組成快艇衝浪國家隊，帶著中華隊的光環去比賽。我們團隊三男二女，五人全上奪得兩金一銀二銅的好成績，而我獲得快艇衝浪女子金牌。這對滑水界快艇衝浪項目運動來說，無疑是一劑強心針，我們都很振奮。在新加坡決賽前一天我沒有熟睡，一整晚感覺腦中一直在和天父爸爸對話，我好像小女孩般一直問祂：為什麼對我這麼好？到了這個年紀又是兩個孩子的母親，還讓我有這種機會成為國手代表臺灣來比賽？是無比榮耀的事，也充滿使命感！我腦中反覆縈繞耶穌給我的話，不斷的加添我信心，安慰了我緊張的情緒，讓我相信神帶領我們來，如此不容易的組成了第一支正式的快艇衝浪國家隊，絕不會讓我們空手而回，必會為我們成就一切！

　　隔天大清早六點，我傳了簡訊給隊友們，把天父爸爸整晚縈繞在我腦中的聖經話語和他們分享：「早安隊友們，讓我們今天帶著信心滑行吧！『並且仰望神的應許，總沒有因不信心裡起疑惑，反倒因信心裡得兼顧，將榮耀歸給神，且滿心相信神所應許的，祂必能作成。──羅馬書 4:20-21』」當天比賽，在天時地利人和的因素下，我們全隊奪牌，豐碩的成績將

榮耀帶給臺灣也歸與主。晚上大會頒獎典禮上，我大呼感謝讚美主，高舉我們第一支成立的快艇衝浪中華代表隊，為臺灣快艇衝浪界的未來開創更寬廣的路，真真實實應證了應許就在凡腳掌所踏之地。

所以弟兄們，應當更加殷勤，使你們所蒙的呼召和揀選堅定不移；你們行這幾樣，就永不失腳。──彼得後書 1:10

這就像一場命定的旅程。亞錦賽後我和先生回來聊不停，異口同聲都說這真是上帝的安排！感謝先生帶我們全家接觸滑水，開創了我不同的人生舞台。

二○一五年的聖誕節全家到新加坡旅行順便滑水，那是我第一次接觸 Wakesurf 快艇衝浪；當時我只會滑寬板 Wakeboard，也不會海邊衝浪，還覺得沒有繩子拉我是要怎麼滑？沒想到從此滑水生涯就此轉向，越滑越有興趣也越加認真，沒想到幾年前的因緣際會，因為亞錦賽又回到那最初的起點，踏上新加坡，變成中華隊成員來比賽。賽場上碰到 IWWF 國際滑水總會亞洲執行長 Paul Fong，他特地來跟我說加油，他說還記得我幾年前在新加坡第一次接觸 Wakesurf 的青澀模樣，當時 Paul 是新加坡國家隊教練，我的 Wakesurf 算是他啓

蒙的，他很高興再看到我幾年後再次回來這裡比賽，看到我拿到好成績他也感動的說：「I'm very proud of you.」

　　當下我幾乎要熱淚盈眶，我相信萬事互相效力，人生中的每一步都不是偶然，感謝上帝的一切美好安排，這真的又是一次難以忘懷的恩典之旅。比賽場上我是名選手，回到家裡我又成為媽媽的角色，還變成他們的榜樣，以身作則告訴他們，堅持並且不放棄的努力，終能嘗到甜美果實！

　　感謝主讓我學會聆聽祢的聲音，一直帶領我的路。

媒體報導：
1. 華視新聞：中華快艇衝浪隊 亞錦賽奪 2 金 1 銀 2 銅
　　2018/11/19

2. 蘋果日報：亞洲第一　臺灣快艇衝浪隊亞錦賽包辦雙金
　　2018/11/19

＊　　＊　　＊　　＊　　＊

二○一九年五月
CWSA Yanmar Japan Wakesurf Open
全球滑水巨星雲集的賽事首次在亞洲首場

　　這是一場失而復得、心情洗三溫暖的比賽！

　　滑水生涯第九場的海外賽，也是第三次參加CWSA（Competitive Wake Surf Association）的國際比賽，不同的是，這是CWSA第一次在亞洲舉辦的 Platinum Level 白金級比賽。過往這麼高等級的賽事只有歐美才有進行，因為積分很高，許多世界各地的好手都會參賽，難能可貴的機會不用長途跋涉飛歐美，我也很早就送交參賽報名，結果出發前因為跟先生在某些事上的意見不合起了口角，兩人沒來由地為一個誤解越吵越兇，我形容像被撒旦挾制激怒了血氣，他甚至說出「不應該給我那麼多自由去滑水或比賽」之類的氣話，叫我好好待在家，這讓我很沮喪也很生氣。一直以來我總是很感念他對我在運動或興趣上的支持，我們都很給彼此空間支持對方的喜好也鮮少吵架，但先生卻莫名地發脾氣讓原本和睦的氣氛變了調。

爲了撫平先生怒氣，我自己靜下來禱告求神掌權平息我們的紛爭，我知道撒旦的目的就是要拆毀兩位同心合一的人，我告訴自己要冷靜讓神介入在我們中間，爲我們把這莫名的怒火澆熄，禱告後我平靜許多也不想再繼續爭執這個話題，當下我決定放棄比賽。馬上寫郵件告知賽事主辦方因爲家庭因素臨時

有狀況無法成行，我知道這很可惜，但我覺得家庭勝於一切，希望藉此讓先生了解他是我更加重視的人。

那時已是深夜一點，我告訴先生我的決定，他離開臥房在客廳待了許久後，我們兩人都冷靜許多，他再度走進臥房，然後告訴我：「妳還是去比賽吧！」

我回說：「不用了，離比賽正式開始還有兩天，我已經向主辦提申請退賽。」

也許先生知道自己一時說了氣話，反過來堅持叫我還是要去比賽。我說已經寫信、行李也都拆箱歸位，而且時間已經很晚反反覆覆再發信也不妥，就這樣你來我往的推來推去，兩人好像也沒有什麼怒氣了。最後先生說：「你不是說要順服丈夫嗎，我叫妳去妳就去，我來幫你打包行李。」先生給了自己一個下台階，也成全了我的比賽，再次整理好行李已是凌晨三點，隔天他還一大早起來送我去機場搭早班飛機前往日本，臨行前給了我一個擁抱說：「老婆，好好去比賽，拿冠軍回來！」我好感動，如果沒有家人的支持，一切都不可能成就。

睡眠不足加上失而復得的比賽機會，到達日本再舟車勞頓抵達會場，我沒有休息立刻下場練習，雖然很累但我充滿能

量。我很喜歡參加海外比賽的一個原因是可以滑不一樣的水域，累積越多的比賽經驗能讓自己隨時挑戰不一樣的浪況，磨練臨場反應。這是第一次在日本琵琶湖比賽，第一天練習適應浪況，雖然名為「湖」，但非常廣闊又是很深的水域，倒比較像是「海」！浪很大很亂，真的很有挑戰，我想，既然都來了，就隨遇而安盡力去做吧！

　　隔天正式比賽，看到許多歐美國家選手都到場，白金賽果然等級不同，高手雲集。許多美國厲害的選手都長途飛來參賽，我像個小粉絲一樣，把板子拿給大家簽名，有天王天后巨星的加持，莫名的像吃了個定心丸一樣，哈哈。預賽順利的以相當高分和日本選手並列第一。不過決賽時發生了小插曲，當輪我上到選手接駁艇就位準備時，賽艇上的裁判宣布比賽暫停十分鐘，因為前一位選手的動作有爭議，他們正在討論處置方式，要我等一等再下水。但我已經離岸、上了接駁船站在後方甲板，有時候比賽需要一鼓作氣，突然多了十來分鐘倒讓我有些忐忑不安，因為天氣也有點冷，只好利用時間自己做做暖身拉筋，甚至跳起舞來，設法讓自己放輕鬆點。這時，我轉過身面向海面禱告起來，求主保守我接下來的決賽順利進行，在水

上與我同行，能把想做的動作發揮如常，一邊對著大海禱告一邊唱起詩歌來，那真讓我如釋放鬆。

感謝主！在比賽開始跳下水的那一刻，我真的感覺不到水的冰冷，全身充滿了熱度，帶著信心讓身體自由的滑行，好像祂帶領著我的腳步，一切都很順利。結束上岸後，才知道剛剛在船上空檔的十分鐘，我在拉筋跳舞對著海面禱告的一切都被轉播在大螢幕上！

這場比賽，最後我奪得兩個項目 Masters Women Surf 金牌和 Masters Women Skim 銀牌，謝謝老公的成全，我沒有讓你失望！

媒體報導：
蘋果日報：滑水女神 Kimberly 的熱血人生　快艇衝浪衝向世界年終冠軍賽　2019/06/10

＊　＊　＊　＊　＊

二〇一九年五月 臺灣滑水快艇衝浪國家代表隊選拔賽
母女攜手挑戰國手選拔賽

記得剛懷第一胎生女兒的時候，看著她小小身影總想著，等有一天她長大能手牽手一起逛街該有多好，這幾年下來，我們已經歷更多，卻從沒想過要一起選國手！這實在是完全不在我人生計畫之內。

因為全家都愛運動，女兒受到我們的影響，從小就愛運動，也在各個項目上展現天分，尤其是水性特別好。在女兒十二歲這一年，母女第一次一起參加臺灣代表隊國手選拔賽，全家都很興奮，這對我們來說意義早已重於結果，能一起在水上飆浪，為同樣的目標一起努力著真是百感交集！感謝主讓我能成為女兒的榜樣，讓我對運動的熱血也流在她身上，感動又驕傲！長江後浪推前浪，相信女兒未來的

路會更寬廣，也會在運動領域上擁有一片自己的天空。

　　這場比賽全家出動加油，連外公也驕傲的在場邊替我們拍照記錄。我爸爸大學時代也是運動健將游泳隊隊長，我從小就是跟著他游泳訓練，他驕傲地對大家說女兒和孫女都好優秀，有他的基因！這場比賽，母女共同奪金，我獲得快艇衝浪 Surf 組女子金牌，女兒獲得快艇衝浪 Skim 組金牌！

媒體報導
八大新聞：滑水國家隊選拔　參賽者大顯身手　2019/05/02

＊　　＊　　＊　　＊　　＊

二〇一九年六月 WWA 亞洲巡迴積分賽——
中國澳門盃母女首次同場較勁，在浪上分高下！

　　這是我第二次來澳門參加比賽，不同的是，這次對手多了女兒，我們在同一項目 Wakesurf 的同一組別競爭！媽媽和女兒首次同場競技的海外 PK 賽——WWA Macau Wakeboard &

Wakesurf Open 亞洲巡迴積分賽——中國澳門盃！

澳門的比賽總是很挑戰，因為在漁人碼頭進行，浪況亂又很不穩，尤其決賽的週末很多交通郵輪往返頻繁，造成又大又亂的回浪，對滑人更是不容易！記得二〇一八年在這裡進行的同一場比賽，我決賽第二趟就被震落水，只獲得第六名，很高興這次獲得銅牌，算是克服對它的恐懼，雖然我覺得自己其實能夠做得更好，但能和女兒一起熱血，一起在浪上為同一個目標努力，真是難能可貴的經驗，也是我們一輩子美好的回憶啊，結果倒是其次了！

這個比賽上我們也看到其他得名的選手，不管是寬板滑水還是衝浪，能在這種亂得出奇的浪況下臨危不亂表現，真的很厲害，尤其長期在海上練習的選手，穩定度就是不同。我們太安逸了，還有很大的進步空間。而女兒小時候就開始接觸滑水，但是直到二〇一八年夏天才算是正式開始練習 Wakesurf 快艇衝浪項目，陸續在臺灣參加幾次比賽，這也是她第一次參加海外國際賽，表現超乎我預期，非常有大將之風，最後母女分別獲得快艇衝浪女子公開組第三名和第五名！

二〇一九年八月 WWA 快艇衝浪世界巡迴賽—第四站 Asian WakeSurf Championships 亞洲快艇衝浪錦標賽 母女聯手代表臺灣出征亞洲錦標賽

WWA (World Wake Association) Nautique World Surf Series 快艇衝浪世界巡迴賽系列，第一站歐洲賽在倫敦、第二站莫斯科、第三站加拿大、第四站亞洲韓國、第五站美國的全國賽，每站各組的冠軍可獲得 WWA 年終大賽 Master Wakesuf Championships 美國大師冠軍賽的保證參賽資格。這場亞洲站賽事在韓國進行，這是我滑水生涯的第二十二場比賽 （第十三場海外賽事），我們母女代表臺灣聯手出征。女兒有很好的水上天分，六歲就開始接觸滑水，這幾年看著媽媽練習 Wakesurf，雖然十一歲才正式開始訓練，很快就上手進入狀況，投入比賽選手行列累積經驗。這是我們第二次一起出國比賽，只是這次我們分屬不同組別，她代表臺灣出賽 Junior Women 青少女組別，我則參加 Master Women 組，希望她能藉由國際賽事多吸取經驗，讓表現越來越穩。

老實說看女兒比賽比我自己的還緊張，她上場時我緊盯著

電視轉播螢幕心跳好快，那種吾家有女初長成的驕傲和喜悅，完全表露在媽媽臉上！她表現得棒極了，可能因為她一直有很多其他運動項目的比賽經驗，心態準備的很好完全不怯場，比我還放鬆。這趟比賽在水上的展現，甚至超越她以往的練習和比賽表現，非常沉著積極的強勢滑行，完全符合裁判要求對 Wakesurf 的力道和個人風格，當她結束上岸，會場上大家都給這位年紀最小的參賽者掌聲。看到年紀小的滑人在水上賣力並且全力以赴的模樣真的很讓人振奮感動。這就是長江後浪推前浪，她比我有更大潛能和機會！

　　每一場賽事都是突破，最後在這場比賽中，我們母女同為臺灣奪冠：Master Women 金牌及 Junior Women 金牌！太不可思議了！好棒的比賽回憶啊！

　　我很珍惜每一次的比賽，都能為我們創造人生歷程中不同的里程碑，更喜歡和女兒一起出國參賽，我們亦師亦友，母女一起努力一起熱血，我想這是我們親子關係上很深刻的成長回憶！

＊　＊　＊　＊　＊

二○一九年九月 WWA 美國快艇衝浪大師冠軍賽 —— 第一次站上世界舞台，代表臺灣獲得 Master Women Wakesurf 銀牌

　　沒有預設的規劃，機會卻來了！出發，路途遙遠只為飛向夢想，滑向更寬廣的熱血人生！

　　好開心在八月底韓國的 WWA 亞洲快艇衝浪資格賽獲得 Masters Women Wakesurf 的冠軍後，第一時間收到 WWA 世界滑水總會在美國舉辦的年度「快艇衝浪大師冠軍賽」邀請函，確保了我的參賽資格。這幾年來在亞洲比賽不下二十幾場，一直很想到歐美場上取經。這次是 WWA Nautique Surf Series 世界巡迴的最終年度 Masters Wakesurf Championships 世界級大

賽，幾乎各國頂尖選手都會齊聚共襄盛舉，能有這機會受到邀請對我來說意義很大。從沒想過到這個年齡還能把興趣能玩出專業，感謝滑水界最敬重的前輩林廷祥大哥不斷的鼓勵，讓我下定決心排除萬難到美國參賽。雖然場上幾乎清一色外國選手但仍想放手一搏，能參與這樣的盛會，在參賽選手名單上秀出TW 臺灣就好振奮，不管結果如何，參賽就是榮譽我要大聲說我來自 TW 臺灣！

第一次， 臺灣國旗飄揚在世界快艇衝浪滑水大賽！

這趟比賽旅程真不容易，轉機加上車程花了幾乎一天的時間，一到達會場我就哭了，第一次看到國旗內心澎湃到掉眼淚，尤其身為代表臺灣出賽的唯一選手，自己一個人遠渡重洋，第一次登上美國土地比賽，看到我們臺灣國旗如此大器的飄揚在海外，旁邊並列著美國、英國、義大利等歐美大國旗幟，實在太感動太驕傲！很多人看到我一直跟國旗拍照又叫又跳的有點不解為何如此興奮，我開心的跟他們解釋，說著說著就忍不住哭了，平常已經很愛哭，在這樣的景況下哭點更低，結果大家反過來幫我加油打氣。雖然這次參賽過程中很不容易也發生好多插曲，但我始終相信這是一趟恩典之旅，感謝神一路的

帶領，讓國際運動看見臺灣。

　　我好驕傲我是臺灣的快艇衝浪選手，作為一位非全職選手在有限的時間下，最感念家人一直以來的支持，朋友總說我幸運，如果沒有家人的支持，這一切都不可能成就！也特別感謝「臺北市滑水協會」和「嘻嘻哈哈滑水學校」在賽前為我安排最後的密集衝刺訓練，還有這些年來一直帶我訓練的健身教練李丁龍，不斷在我體能肌力上幫助我挑戰極限強大自己，也感謝粉絲專頁上一直與我一起，看著我在滑水生涯中成長的所有粉絲網友們的加油打氣，雖然是單槍匹馬，感覺卻像是擁著強大軍團靠山，讓我帶著滿滿祝福和信心全力以赴。

　　孤獨在異鄉特別容易情緒激動，有一晚在和其他國家選手的晚餐上我不小心又哭了，就是忍不住會感動想哭。在美國這幾天我只有一個人，早晚都會在房間放著詩歌，給自己力量，

音樂傳來的歌詞好溫暖，原來神都明瞭我的心意，我知道祂會與我同行，我只要放膽信靠，緊緊跟隨祂的腳步，唯有上帝知道我的一切潛能，不論比賽結果如何，都會是祝福。

　　祢的腳步，帶著我的腳步
　　一步一步都有祝福
　　每個腳步，我要緊緊跟隨
　　走在蒙福的道路
　　求給我更多的勇氣，給我更多的信心
　　讓我勇敢踏出跟隨祢的腳步
　　跟祢行在水面上，跟祢走在曠野地
　　曲曲折折我也不在乎
　　我只要更多信靠祢，只要更多順服
　　凡是出於祢的，我就默然不語
　　就算經過黑暗谷，就算遇到暴風雨
　　在祢手中都將變成祝福

　　三天的賽程結束，我在預賽中以分組第一晉級決賽，最後

以些許分數落差奪得 Masters Women Wakesurf 銀牌，披著國旗上台領獎，將榮耀的一刻獻給臺灣！

　　每一次的比賽，我每一次感恩，我總是這樣禱告著：感謝天父賜給我的熱忱和勇氣，應許我對美好未來的盼望，讓我每天精力充沛去面對所有挑戰！祢已賜我這麼多恩典，我要帶著信心向前進，我渴望祢來伸展我，擴張我的視界，我不要讓外界眼光或我內在侷限的思想決定我的界線，我相信祢已將我裝備好並為我預備了屬於我的道路，我要在祢的恩惠中前進，我相信祢會在我生命中做新事，而我也要盡到自己的本分，凡事都全力以赴，求祢引導我，不要安於「過得去」的心態，而要不斷追求更多祢為我所預備的一切美好！

　　信仰真是支持我不斷向前的重要力量。

　　向浪上戰士致敬！在運動場上人人平等，只要你有勇氣有技力，任何人都能在世界舞台展露頭角！

　　這次來美國參賽，除了能現場觀摩到頂尖世界級選手的神乎其技之外，也讓我看到了更崇高的運動家精神。比賽分組有一個是 Adaptive Athlete 殘障適應性運動員組別，他們很多是退役軍人，來自歐美不同國家，雖然戰場上受傷了，卻不減英

勇，仍然擁抱熱血生命，充滿自信又爽朗親切的笑容，我相信這是因為運動帶給他們的正能量繼續挑戰他們人生的巔峰。這就是我之所以敬佩尊重運動員，因為他們生命的韌性，不會讓他們被打倒。在現場看他們比賽，從準備到下場都展現過人的毅力，我眼淚又再度奪眶而出！

They are Wake Warriors! Keep Fighting !

媒體報導

1. 蘋果日報：披國旗上凸台領獎　臺灣快艇衝浪女神哭了　2019/09/30

2. 聯合新聞網：衝浪／兩個孩子的辣媽陳美彤　赴美參賽奪銀　2019/09/30

3. 壹週刊：看到想哭！國旗第一次飄揚世界滑水賽　美女名媛追夢奪銀　2019/10/1

4. 東森新聞：赴美參賽奪銀　陳美彤披國旗領獎逼哭網友　2019/10/1

二〇一九年九月 WWA 臺灣盃國際滑水賽
一家都是選手，第一次全家一起上場參與滑水賽！

　　二〇一三年秋天全家一起接觸了滑水運動，從此成為滑水圈的熱血滑人家族，這是我第四年參加臺灣盃滑水賽，卻是第一次全家合體一起參賽下海挑戰臺灣盃，同心協力撈獎牌！

　　不過名次不是最重要，得獎之餘回憶才更是無價。全家為同一個運動一起熱血，一起努力，真是美好！「那在後的將要在前，在前的要在後！」聖經中的話語真是也驗證生活啊，長江後浪推前浪，我們長期帶著全家一起做滑水運動，現在十三歲的小姊姊已經是我們家的水上三棲小選手，青出於藍了。Wakeboard、Wakesurf、Slalom！什麼板都難不倒，好帥！

　　全家一起建立一個家庭運動來陪伴孩子成長，也培養孩子自信健康的發展。

　　自己二〇一六年開始比賽後，參加許多國內外賽事，看了很多很棒的選手在比賽中落馬，也看到閃亮的黑馬躍出驚人的好成績。比賽是現實的，最後的榮耀總是屬於出線的那一位，畢竟做為一位運動員，爭取最好的成績是必須的，有了運動員

> 祢已賜我這麼多恩典，我要帶著信心向前進，我渴望祢來伸展我，擴張我的視界，我不要讓外在眼光或我內在偏限的思想決定我的界線，我相信祢已將我裝備好並為我預備了屬於我的道路，我要在祢的恩惠中前進，我相信祢會在我生命中做新事。

的 Title 加持，任誰都會有想追求更好成績的想法。反觀自己，三十八歲才轉當選手，四十歲才當選國手，一開始抱著好玩心態，這幾年下來不知不覺也拿了大大小小不少獎牌，得獎很開心會讓人更激奮想去拚更多，但我也曾連決賽資格都沒進就淘汰了，表現不好時候會懊惱，是不是還要繼續？我常常問自己在滑水運動上，我追求的是什麼？運動很久卻不熱衷比賽的先生問我，為什麼那麼愛比賽？為什麼要承受這些壓力？老實說到了這年紀，我從比賽中所得著的，不單單只是輸贏間的得失和成就感，而是因為自己的身分和年紀還能這樣熱血比賽，不只是孩子們覺得媽媽很酷，因為「媽媽都做得到」間接變成影響他們在各種興趣或運動上不能放棄的標竿！即便是輸，我也有故事分享，因為我不是一無所獲，每次輸贏都成為給孩子上

課的活教材，也因為持續有目標在前面，讓我持之以恆的想訓練自己變得更強大。比賽只是個媒介，所以我還蠻能調適比賽的心情，就是在輸輸贏贏當中磨練心志，提醒自己看重的是什麼。

每一次比賽的各個公開組是專業滑人的兵家必爭之地，就拿最具挑戰，有高風險也最競爭的寬板滑水 Wakeboard 公開男女競賽組來說，不管是國內或是海外的選手，能站上公開組的舞台，每一個都是一等一的佼佼者，使勁拿出看家本領，如家常便飯的飛越兩三層樓、像體操選手般的空中轉體……。哇塞，看得大家驚呼連連，不管誰贏每個選手都好棒都是神級演出，但落水的那一剎那就與獎牌擦身而過了。

畢竟冠軍只有一位，有一個閃失這麼高風險努力付出的代價可能就付諸流水，可以想像那種失落感有多大，為了拚搏更高難度的動作去挑戰比賽殿堂超越自己的極限，如果受傷了怎麼辦呢？選手又是要如何自處？其中有一位來自日本的前三強女選手前年意外受傷膝蓋打了鋼釘，復健後隔年不放棄又重回水上再次帶來精采的演出，真佩服她不屈不撓的精神。我一邊看比賽，一邊試著揣摩他們的心境，真的，當一位選手好不容易，不管是不是有得名站台，我真的由衷敬佩他們在運動上的

努力和執著！

　　這次臺灣盃，除了得獎的選手開心享受努力帶來的榮耀，我想最開心的莫過於媽媽我啦！因為是第一次全家一起參加運動比賽，而且每一個項目都有我們陳家人的身影，兩個孩子不怕困難挑戰自己，也是第一次姊弟兩一起 PK 彼此競爭激勵進步。更可貴的是當時才八歲的弟弟克服了恐懼沒有放棄，看到他們也有好成績眞的比自己得名更喜悅！我開心的是，自己努力不懈的過程給孩子成了榜樣，我欣慰的是，這股熱血傳承，讓他們也像我一樣勇敢追夢！我希望這股能量也能成為影響別人的力量！

　　很多人問我為什麼孩子可以這麼熱血，像我一樣充滿著活力，因為我從不給孩子設限，想做什麼就陪著他們去嘗試，教導他們勇於追夢。很多父母會在孩子說「我想做什麼」的時候，直截了當的告訴他們這個將來沒前途或是不可能成功，這不僅會澆熄他們夢想，也奪走孩子的冒險精神！當一個人沒嘗試沒有挑戰，就不會受到拓展，如果我們有勇氣追逐夢想、勇於自我挑戰，所有夢想都可能成眞！加油，孩子，我會陪著你一起邁向那旅程！

　　感謝臺灣盃給我們家一個美好回憶。

滑水運動 Q & A

問：滑水的種類有哪些？

K：滑水是以拖曳水上運動為主，國際上主要分項為：

Waterski, Wakeboard, Barefoot Waterski, Show Waterski, Cable Wakeboard, Cable Waterski, Waterski Race, Disabled Waterski, Kneeboard and Wakesurf.

目前全球主要的國際滑水組織：International Waterski & Wakeboard Federation (IWWF)、World Wake Association (WWA)、以及近年才於二〇一二年成立專門以 Wakesurf 快艇衝浪項目為主發展的 Competitive Wake Surf Association (CWSA)。

臺灣目前主要的滑水項目發展以 Wakeboard 寬板滑水、Slalom Watersk 曲道滑水、Cable Wakeboard 纜繩滑水及 Wakesurf 快艇衝浪為主。

**　　問：一般人想從事滑水運動有什麼必要的條件嗎？有什麼限制呢？**

　　K：目前臺灣發展的滑水運動以休閒滑水為主，這個運動會使用到全身性的肌肉群，對於整體核心、平衡、協調性是很好的訓練，因為可以穿著安全背心，對於不會游泳想入門的初學者來說，也是相當安全的。

問：滑水學習的進程有哪些？

K：寬板滑水是很好的入門學習，因爲雙腳可穿套固定在板靴上，透過拉繩起滑後，滑水者可以拉著繩子學習身體的重心改變及如何在水面上平衡，再進階到無繩滑水的快艇衝浪，就會比較容易抓到要領。

快艇衝浪顧名思義就是靠船艇造浪來衝浪滑行，雙腳是必須直接踩板站在水上，要靠自己身體的擺動及移動重心來追浪保持站立的浪點。

問：滑水運動的裝備有哪些？

K：針對不同的滑水項目有不同的板類裝備需求，除此之外，滑水在湖、河或海上進行，水域有一定的深度，基本上滑水者都必須穿著安全背心。

寬板滑水，船艇速度較快，建議要戴上安全帽頭盔，當滑行失去平衡落水時可能產生撞擊來保護頭部安全。寬板滑水、曲道滑水和快艇衝浪所使用的滑水板不同。目前臺灣滑水俱樂部皆會提供一般學員公板使用，也可依照自己的身高體重和需求量身選購適合自己的板子，對於學習有更好的效果。

問：如果讀者想學滑水，請推薦學習的地方以及教練？

K：我平常都會在「嘻嘻哈哈滑水學校」練習 Wakesurf，位於臺北社子島社子大橋旁的迎星碼頭，是非常適合滑水訓練的基地，學校也培養了許多滑水選手並且每年舉辦全臺灣最大型的滑水賽事——臺灣盃國際滑水賽，每年都吸引超過十個國家的滑人共襄盛舉。

滑水需要透過快艇造浪，因此更需要在風平浪靜的地方進行。如果河道兩旁是直立的水泥建築或木樁，很容易造成回浪，影響到正在滑水的玩家。而在臺北市區內，就有條件優良的滑水基地——嘻嘻哈哈滑水學校，社子橋下基隆河段流域寬闊、筆直，河道直線距離達一公里多，船不用轉彎，且河道寬約二百公尺，流域深度超過五米以上，再加上這裡是基隆河中風浪最小的段落之一，是完美的滑水場地，讓玩家可以毫不保留地展現技巧、跳躍。

除了嘻嘻哈哈滑水學校，我也滑遍各區河域，推薦大家：
★位於新北市微風運河，隸屬板橋區體育會滑水暨寬板滑水委員會的「飛魚滑水推廣俱樂部」——滑水船艇由美傑仕集團贊助。

★位於新北市八里區關渡大橋的「ES Wake School 臺灣滑人部落」。

★位於臺北市雙溪遊艇碼頭的滑水俱樂部－「曼哈頓滑水俱樂部」。

★位於臺南市，隸屬於臺南市滑水暨寬板滑水協會的「X Wake Class」。

★位於高雄市，全臺唯一一座國際級纜繩滑水標準場域「Lotus Wake Park 蓮潭滑水主題樂園」。

★位於澎湖，想玩水必去的「波賽頓滑水俱樂部」。

問：這個運動領域最知名的運動員？

K：曾經獲得四次世界冠軍的 Ashley Kidd，也是目前快艇衝浪大型國際賽上的奪牌常勝軍，是我剛入門 Wakesurf 快艇衝浪項目時的標竿偶像，二○一七年「嘻嘻哈哈滑水學校 Super High Wake & Surf School」曾經邀請她來臺灣客座教學開了為期一週的 Wakesurf Camp，非常難得，她是第一位造訪臺灣的世界級快艇衝浪選手，當時有幸讓她親自指導，我也在該年赴韓國參加「WWA 亞洲滑水巡迴積分賽－韓國站」奪得女子冠軍。

問：給想學滑水的讀者的建議與提醒？

K：很少有運動可以像滑水一樣，又酷又炫又吸睛，還能結合力與美的呈現，並且在短時間內訓練到全身肌肉的運動，當你一試，就會愛上！

但是首先，你不能排斥走出戶外，不能怕水，不能怕曬太陽，對於像我們這種 Wakesurf 狂熱者而言，一年四季不論風吹雨打，只要不打雷沒有颱風我都可以下水，炎熱夏天比基尼出籠，寒冷冬天就套件防寒衣，照樣快樂衝浪，無水不歡！

想要把這項運動學得精學得好，必須要有強健的腿力，建議要搭配負重訓練來鍛鍊肌力，並且從基本的核心訓練、臀部驅動、膝關節穩定來強化下肢的力量及穩定度，才不容易有運動傷害。

Part 2

"

Healthy Talk
Kimberly 的生活與健康哲學

"

學習讓自己有一個豁達的人生

相較於歐美國家比較以鼓勵的方式教育孩子，亞洲人普遍習慣用否定的方式來刺激孩子進步，文化背景的差異和給孩子從小高壓教育的方式，塑造了我們的性格，不能說誰對誰錯，但就我自己而言，從小經歷過許多「被否定」的經驗，其實讓我在某些方面是不夠有自信的。

相信很多人都有這樣的經驗，例如：經歷聯考體制下的求學生涯，分數決定你是誰，曾經因為學校考試成績不好，就被老師否定我的努力，不是好學生；成長時期談戀愛和男友吵架，

總覺得是自己不夠好而被否定；出社會求職碰壁沒被錄取，是否也會覺得自己不夠優秀才會被否定；身材走樣時被嘲笑而覺得沒自信；跟老公吵架覺得自己不是完美太太而被否定……，很多時候，人們不是真正了解你，端看表象用世俗的價值觀或自己的觀點來批判論斷別人，而我們也沒有真正接納自己究竟是一個怎麼樣的人，才會讓自己被負面的言語左右與影響，唯有重新認識自己的價值，才能從被否定的挫敗中，找到新的方向！

在我《Kimberly 的熱血人生》粉專上，常常和粉絲分享我運動和滑水的過程紀錄，大家常常誇讚我身材好。說真的，其實我從小身材就高挑又凹凸有致，讓很多同學羨慕又忌妒，十七歲時甚至還曾被星探相中當了一陣子的模特兒，拍了不少報章雜誌、服裝目錄和廣告等，成了學校的風雲人物。記得我出國念書時還是機纖合度的模樣，但是，好景不常，我一直引以為傲的好身材，在英國快兩年的留學期間，居然胖了至少八公斤。在國外其實也不算太胖，而且我的身高一六六公分，反而老外覺得我身材豐腴很漂亮，不像許多亞洲骨感女孩瘦到前胸貼後背，他們形容猶如紙片人一般。那段時間我也很習慣

自己的外貌，尤其我愛跳 Salsa 騷莎舞，豐腴的身材倒還滿有拉丁風味。反倒是畢業回台後，親朋好友們對我身材的「成見」排山倒海而來，與朋友見面時，大家寒喧問候都拿我身材開玩笑，還有人說我怎麼自甘墮落變得這麼胖，就連媽媽也每天早上到我床邊，語重心長的勸我說太胖了應該要減肥吧……。

好無奈喔，你是不是也遇過這樣的窘境呢？我們是不是常常活在別人的眼光下，讓自己處於被否定的情況當中呢？

為了迎合別人對我的看法喜好，我開始嘗試了很多減肥方式，想回到以前別人認為我漂亮的模樣，相信我，我試了各種減肥方式，因為從小就愛吃，食慾又總是很好，也因此讓減肥效果維持不久，體重數字起起伏伏，什麼妙效仙丹吃了不會胖又能幫你燃脂，其實都是誇大的

啦！天下沒有白吃的午餐，說有效立即瘦的絕對會傷身，我也曾花了不少冤枉錢，最後一盒盒丟到垃圾桶裡！

那個沒自信的自己，不停的活在別人的眼光當中，其實很辛苦，自己也會不快樂，你是否也是這樣呢？

這幾年下來，我變了很多，也許是隨著年齡增長歷練和眼光都不同了，也因為有堅定的信仰，思維改變不少，我學會如何看待自己，相信自己擁有的價值。因為每個人都是獨一無二的，不論我是怎樣的人，我都有我的價值和無可取代的地方，在任何景況下我願意改變，是因為了解自己是被愛的，當我願意做任何改變，是因為相信自己會變得更好，而不是為了迎合別人的評論。

就拿減肥這件事來說，我仍然持續在努力，為了健康，也是驅使我繼續吃美食的動力，但我找到更健康的方法，那就是運動。這幾年維持固定運動的良好習慣，雖然我的體重並沒有很快地減輕太多，但我變得更健康更健美，肌肉量增加了，體脂肪減少了，視覺上整個人的線條也不一樣了，運動帶來的附加價值甚至讓我成為一名優秀的運動員選手，並且成為國際認證的健身教練。

　　偶有不小心放縱吃多胖了的時候，我不再那麼在意別人笑我胖，甚至常常自娛娛人，因為我完全的接納自己，知道自己的最佳狀態是什麼，反而更能將別人的評論化為正面的激勵能量，而不是打擊的力量。我也常常在粉專上鼓勵和我一樣的女生，不要一味地羨慕別人，當你學會重新看待自己，接納肯定自己，尊重自己的一切，別人也會愛你，甚至成為他人效法的對象，記住，上帝創造了你，就是要你做自己！

不要在挫敗中被失望淹沒

　　這幾年的運動生活，很多人看到我的轉變，尤其是走上滑水選手這條路，讓很多人驚訝給予鼓勵祝福，也有些人說幹嘛這把年紀還要去承受這種壓力，何不把它當成單純的興趣就好。其實我也不是刻意要去比賽當選手，玩著玩著機會就來了，而我也發現自己其實是有條件的，何不把握機會讓自己嘗試看看。

　　小時候我並沒有很多參加比賽的機會，少了那塊在比賽場上的訓練，我不知道自己的耐力、意志力、承受挫折和壓力的

能耐有多少，反而長大了，才碰上這樣的人生轉折點。也許是上帝的安排，在我人生邁入比較成熟的階段才來當選手，比起一般年輕選手非常看重比賽結果情緒起伏比較大，輸贏得失並不是我最重要的考量，不像學生時代對成績分數斤斤計較。現在的我，反而比較豁達也樂觀許多，成為滑水選手的這幾年，獲得不少掌聲和關注。但在外人看來帥氣的背後，其實都是不斷的失敗與窘境堆疊出來的，在比賽場上沒有永遠的冠軍，上了凸台不代表你就是最強的，成績和名次高低也不能決定一個人的成就，更不能否定一個人的努力，最重要的是，處在這當下，自己能不能超越環境，不被「贏」沖昏頭，也不把「輸」作為鬱鬱寡歡、意志消沉的藉口。

雖然我們都想要在風平浪靜的順境中生活，但不是人人都能當人生勝利組，畢竟不是每件事情都能如你所願的發展，但我相信，上帝把你放在這個處境當中，是有祂背後的美意，所有諸多的不順與挫折困境，都是用來鍛鍊我們的心志。所謂的成功，是不放棄願意走到最後的人，熬過試煉後的我們，一定會比之前更強大！這幾年在經歷了不下三十場的比賽，輸贏對我來說，都有神的安排，相信祂對我有更好的預備，激勵我變

得更好，不管結果是否如我預期，前方的路一定更寬廣！

身為運動員，冤不了得面對運動傷害

二〇一七年十月賽季結束後，全家開心到澎湖旅遊，因為玩 SUP 拳擊[2] 太過激烈，一個不小心滑了下來，沒想到擁有水上運動員矯捷身手的我居然拉傷了左腿韌帶，本以為沒什麼，卻痛到無法正常走路，最後一拐一拐地坐著輪椅回臺灣，休養期間只能做做復健，利用交叉訓練健身操練上半身。這次的疏忽傷害，加上農曆年才在日本滑雪時讓手肘脫臼，休養了好一段時間才回到水上，沒想到都還沒到年底，又讓自己不小心受傷。雖然是在非賽季期間，不用安排密集的滑水練習，但是我太喜愛在水上，連兩次的受傷被迫休息中斷水上活動，種種挫敗和自責的感覺，讓我一度陷入低潮，深怕因為腳傷讓自己最愛的運動受阻。但我告訴自己，不要怨天尤人也不要怪自己運氣不好，既然碰到了就要勇敢面對，有時候撒旦就是會透過各種謊言要拆毀你的信心，我靠著禱告改變心境，不讓自己落入沮喪的情緒中，不斷告訴自己盡力就好，不逞強不比較，

> 每一次比賽,從放繩的那一剎那,你只能往前滑行,沒有退路,輸贏已注定。這四年來比賽不下三十次,輸贏得失早已不再困擾我,重要的是,我有沒有把握當下。

提醒自己多看有的而不是看沒有的,並且聽醫生的話積極鍛鍊也積極復健。

　　在復健休養兩個月後,偶然在社群媒體上看到有快艇衝浪選手用「身體趴板」追浪很靈活[3],這讓我靈機一動,想著既然腿力尚未恢復,不如來試試看在船尾學海洋衝浪者用身體趴板起滑的方式用雙手追浪。在船後趴板起滑,考驗著身體的穩定度和雙臂追浪的力道,我因為休養期間無法做腿部的重量訓練,都著重在上半身的肌力訓練,反而讓我的肩膀雙臂都特別有力量。一開始嘗試時,船啓動拉我,一下子板就翻過來倒栽到水裡,再試了幾次抓到訣竅和被推動的浪點後,越來越能上手,很快就可以用身體追浪超過一分鐘。幾次下水的練習,我都是屈膝趴著身體在板上靠船拉動我起滑,然後放繩追浪,用身體去感受貼在浪上的感覺,就這樣多學會了一個技巧。如果

不是腳受傷，我當時又沒有真正在海洋衝浪經驗，可能很難有機會感受到身體趴板衝浪的樂趣。

在腳傷恢復回到水上後，我很快把之前練習的動作銜接起來，從趴板起滑到起乘站立，一切都完美流暢，有了這樣的經驗也讓我在今年二〇二〇的夏天終於到海邊衝浪初體驗時，在海中趴板起乘一次就成功衝了好遠。

雖然因為腳傷很多跳躍滑行動作都要從頭練習，但我告訴自己不要灰心，放下得失心，滑得好當進步，滑不好當運動！感謝上帝給我安定的力量，一切交託祂，無論得時不得時，我都有所得著，只要悉心感受生活中每個小細節，真的隨處都有恩典！我深知祂掌管一切我要走的路，一個轉念，豁然開朗啊！

學習讓自己擁有一個豁達的人生

就像每一次比賽，從放繩的那一剎那，你只能往前滑行，沒有退路，輸贏已注定。

這四年來下場比賽不下三十次，輸贏得失早已不再困擾

我，重要的是，我有沒有把握當下，時間是有限的，生命只有一次，我已到四十歲階段的年紀，仍然能夠站在水上，參加每一場賽事，對我來說都是彌足珍貴。我希望走出去，不論輸贏，都能將每一場賽事的收穫和努力的結果分享給別人，能夠激勵到那個需要被鼓勵的你，即便你我不認識，這卻讓我很快樂，心裡也更加滿足。

我們的人生就是在不斷的擁有和失去的過程中學習成長，不管你是賽場上運動員、商場上生意人、職場上打拚的工作者、還是努力求學的莘莘學子，我們都要經歷過無數次的擁有和失去之後，才能真正體會到，什麼是真正讓你快樂富足的關鍵。不是無止盡地去追求什麼，而是當你得不到或失去的時候，可以用樂觀豁達的態度看待，畢竟名次、名利、金錢，任何我們努力追求的，都是過往雲煙，最後都帶不走！

想起在真理堂主日禮拜上姚建德牧師對我們說的一句話：「富足的關鍵是在心態，而不是在物質上！」感謝上帝讓我人生道路上得到許多豐富的祝福，而神祝福我們，是為了要我們把這豐富的富足也分享出去，沒有人能真正掌握生命，不知道明天的你又會如何，成功或失敗，都只是對信心的試煉，我

很努力在過上帝給我的每一天，也時時提醒自己，即使面對挫敗也不陷入哀怨自嘆的控訴之中，我喜歡散播歡樂散播愛，也要繼續把這個帶給我正能量的熱血人生分享給你們！

To fulfill your destiny, stay true to your heart.

久久以前看到這句話就一直烙印在心裡，心之所向，身之所往，每個人內心都有憧憬的夢想，相信你們也和我一樣，努力實踐著自己的目標，也許有時候身不由己、有時候礙於現實、有時候力不從心，甚至有時候被當下的收穫或反饋沖昏了

頭，得意忘形而走偏了，經過一段時間你會覺得倦怠了、疲累了、想放棄了。每一個人也許都經歷過這樣的過程，我也一樣。過去幾年有很多的國內外比賽，要兼顧家庭、工作、選手等多重角色真的不容易，在努力訓練爭取好成績的背後，我也在思考我追求的到底是什麼？我很享受在水上帶來的自信和快樂那種真實的感覺，而不只是讓別人覺得自己好厲害。希望更多人認識這個我愛的運動，那份可貴的初心，莫忘初衷，不放棄理想，就要找出堅持的價值，才能讓自己繼續堅定地走到最後。

2.SUP 立槳衝浪（Stand Up Paddle），是一種結合衝浪和帆船滑行原理的板類運動，衝浪者可以直接站在板子上，用槳划行及做衝浪的動作。亦可以進行海上拳擊。

3.Ocean Surf 海洋衝浪者是趴在板上滑離岸邊追浪後起乘，而 Wakesurf 快艇衝浪一般是滑人在水中靜置狀態下，由快艇慢慢加速讓滑人抓著繩子，用雙腳踩板站起後才放繩追浪。

做個快樂的自己

　　快樂不是取決於你環境，而是取決於你的意願、你所做的選擇。—約爾·歐斯汀 Joel Osteen

　　非常認同這段話，很多認識我的朋友總說我非常的樂觀正面，很少看我不高興，就算發脾氣也很快過去。其實以前的我，是個很容易鑽牛角尖的人，我很容易受身邊事情的影響，情緒起伏大，而且每每看電影或電視劇都很快進入狀況，被劇情擺弄，喜怒哀樂表露無遺，尤其感傷的情節總能讓我沒多久就掉眼淚哭的死去活來，哭點超低！好聽一點是心腸柔軟，缺點就是很容易讓自己陷入情緒的泥沼，眼淚不值錢，常常一發不可收拾！

雖然我外表陽光，內在的我其實是缺乏安全感的吧！從小就是個乖寶寶，連叛逆翹家幾乎都不曾有，即便碰上不公不義的事，也選擇忍氣吞聲。就連談戀愛也常常是逆來順受，曾經遇過男朋友對感情不忠，很多的哄騙我都天真的信以為真，怕對方生氣不開心，反而把別人的錯加諸怪在自己的頭上，到最後才發現原來是謊言，回首過去覺得自己好傻好天真，但這也是成長的過程，才塑造了今天的我。

我們都是獨立的個體，沒有人該為其他人的快樂負責，只求凡事問心無愧就好，網路資訊的發達加上人際關係越來越複雜，在這個人云亦云的時代，隨口論斷別人是很容易發生的事，我們難免在意別人的看法，但你永遠無法滿足所有人的快樂。一直活在別人的眼光下反而會失去自我。年少時的我，總是很在意別人的眼光和評論，可能因為讀理工科系的關係，身為少數的女生族群，常常成為大家茶餘飯後的話題焦點，很容易在學校被指指點點。

記得從進學校的第一天起，就常常是 BBS 版上的話題討論人物。下課去了哪裡、中午跟誰吃飯、放學跟誰一起走、坐了誰的車、圖書館坐在誰旁邊……，都變成別人的八卦。曾經

因為同學的三言兩語,讓我躲在家不想去上學,那段青澀的年輕歲月,是多麼的懵懂被壓抑,長大回過頭看,許許多多當初讓我情緒波動不快樂的點滴,都變成酸甜苦辣的回憶,現在倒成了教導孩子的活教材,我還是我。

學習用正面的態度來面對每個階段的自己

出了社會有工作歷練後,你以為接下來一切都應該會在你掌控之中,但每個階段仍有不同的問題和挑戰。結婚有小孩以後,一開始初為人母,身為一位新手媽媽要面對的挑戰和婚後甫創業的職場角色,都讓我常常緊張擔憂不斷。連先生都說我這麼容易焦慮,遲早會腦神經衰弱。感謝主!受洗以後信仰改變了我的思維,曾經很多的擔心憂慮,我慢慢懂得放下了。每天都有可能過得不順利甚至發生意外,但你必須接受事實,明白凡事無法事事順心,畢竟計畫永遠趕不上變化,我盡量不讓自己在無法改變的事情上鑽牛角尖,並且相信任何事情都有它光明面,都有能讓我得著的地方。

很多朋友總說我是人生勝利組,家庭、事業、興趣皆能兼

顧，看起來都很美好；別人看到的也許往往都是最光鮮亮麗的片段，覺得你好似天天開心無憂無慮，但誰沒有低潮期呢？畢竟家家有本難念的經，就像每部電影都會有它精華的電影短片介紹，呈現給別人看來吸引大眾的目光，每個人都是自己人生最棒的主角，都有自己要面對的故事，但重要的是，身

為主角的你，要它用什麼思想中心來呈現，要如何讓自己的生命故事走向積極正面或是消極負面的結局，這都取決於你的心態。

年輕時，為了順應在大家所謂成功的標準定義下，我放棄很多自己的興趣發展，我中斷了音樂學習、停止了最愛的體操和跳舞，我甚至不太記得在求學生涯的好幾年當中，有什麼是

真正快樂的事。日復一日不斷的讀書和考試，快樂可能都是很虛表短暫的吧！

我的快樂可能來自於成績的表現、老師的肯定，只要在考試成績上跌一跤，我的快樂就不見了，那很悲哀不是嗎？我想是我沒有體會到真正的快樂，所以很難讓我現在能夠回想的起來吧。這也可能是因為我一直在做大人安排的事，從來沒有真正了解自己想要什麼。長大後，工作、結婚、生小孩，有了一對可愛的孩子；是的，我為我擁有的一切感到快樂與滿足，我真的很幸福擁有一個美好的家庭，但，我也會問我自己，如果沒有這些呢？

如果我未婚、工作不是很順利、沒有生孩子，我是否還是個快樂的人呢？

記得剛結婚時為了什麼時候生小孩跟老公有了爭論，因為我看到朋友都有小孩了，這讓我很羨慕又很焦急，但他卻不想那麼快有孩子，想多過一下兩人世界，我很沮喪跟他鬧彆扭賭氣，再次的，我發現我的快樂被建築在周圍的一切人事物上。我努力維持的家庭、工作、夫妻和親子關係，當事事都順利時，一切是那麼美好，但一有不順心時，我的快樂堡壘就垮了。我

愛我的家庭、愛我的先生、我的孩子，但我不想失去自我。我看到有些朋友生活無憂無慮，盡力扮演好每個角色，擁有了一切，卻常常不開心。我迫切尋找那個可以發自於自己的快樂感受，慢慢的我發現，當我不管是在我喜愛的跳舞，或自在的滑行在水上時，我是被釋放的。

記得應該是十五、六歲吧，有一次學校課後我留下讀書，準備回家走出圖書館時下起了毛毛雨，我聽見校園不知哪傳來的音樂聲音，當下我放下手上的包包，在廣場跳起舞來，我記得那一剎那的光景，我打從心裡的快樂呀！應該就是這種感覺，當我能夠完全享受自己在做的事，不是被限制、不是被逼迫、不是被壓抑，那個快樂不是物質可以滿足，是一種很奇妙的力量存在我自己身體裡，從當中我可以重新地認識自己，找到生活的平衡，找到人生新的舞台。

活出自己命定的人生

記得看過一部電影令我印象深刻，男主角是一位喜愛橄欖球的男生，偏偏強勢的母親逼他念法律，直接了當告訴他打球

對將來出路一點用都沒有，乾脆放棄最愛的運動……。不被了解又充滿煩惱的兒子，因為母親的不理解讓他非常不快樂，最後靠著藥物來專注課業壓力甚至喝酒，後來老師對他說：「你要做你自己，這就是快樂的祕訣！如果將來你選擇不喜歡的職業，生活會很痛苦，弄清楚你自己最想做的是什麼，你會找到一種賺得了錢的方法去做，如果你充滿熱情，用超出滿分的努力，全宇宙都會支持你！」這警醒了我，無論如何，不管做什麼事，都要確保自己充滿熱忱才能使它完美；也提醒了我，在孩子的成長過程，一定要多尊重支持孩子的意願和想法，讓他

們在所做的每一件事情上,激發熱忱,他們才會發光發熱!

有了熱忱,還要有決心,我們常常想著要做很多事,卻又時時給自己找藉口,沒時間、太累、沒心情、應酬太多⋯⋯,其實時間都是掌控在自己手上,只是你的決心有多大而已。人生很短,真的沒有很多時間可以浪費,想要做什麼事情追求什麼,邁開第一步勇敢開始吧,不要等老了病了才來後悔虛度了青春,隨著年紀增長,很多事情越是看透,每個人都有追求快樂的權利和義務,不論你的身分如何改變。

尤其身為女人,很多人總認為到了一定的年齡階段,很多事情必須妥協或放棄,但我認為,女人的快樂和自信不能只單單從另一半或孩子而來,必須要有一個出口是留給自己,能讓自己享受、屬於自己的舞台!除了家庭和工作,我對自己要求

頗高，每年都會訂定目標讓自己有一些不同的突破，也讓生活更豐富，而這些努力讓我看到不同的自己！

在水上，我眞眞實實的感覺到完全的自在和快樂！

脫下了高跟鞋，開暇時間少了跑趴聚會，我愛上運動生活，因緣下開始滑水，這藍綠的海平面，成爲我榮耀上帝的舞台，也讓自己更加快樂。這幾年一路走來感謝祂讓我見證了祂在我生命中寫下的許多不可能。從前的我對自己缺乏自信，透過水面上一步步重新認識自己不一樣的價值，我對自己說：要相信自己，我發現我有能力，我可以！

我總是教導孩子或拿自身經歷告訴他們，不要在意別人說你什麼，也不要對你不了解的人做批評，你就是你，我就是我，懂得分辨什麼是善意建言、什麼是惡意的攻擊，很多事情不要往心上去、不好的話別刻在心版上，專注在自己的喜樂和目標上，人生更豁達輕鬆，勇敢做自己，才能追求健康的人生！

You are responsible for your own happiness, not for somebody else's！你開心嗎？

和我一起保持
健康與美麗

　　我非常熱衷「吃」這件事，年輕的時候，隨便大吃大喝都不會變胖，上了中年，基礎代謝變差，尤其生過小孩之後體質改變，放縱幾餐就堆肥了，好像成了易胖體質。那是因為人在二十五歲以後，身體的代謝率就會慢慢下降，尤其女性代謝又比男性差，肌肉量越高代謝率越好（男生的肌肉比重較高），所以身為女人更要有危機意識啊～透過運動健身，尤其是負重運動來提高肌肉量，能幫助我們提升基礎代謝率，打造健康不易復胖的易瘦體質。

　　開始固定的運動生活之後，發現了一個有趣的狀況，每次如果做完中高強度的心肺訓練後，會沒什麼食慾、吃的不多；

反而週日沒運動時，一整天口慾不斷就想吃東西。去上了營養
學課程，才發現原來是因爲沒運動時血液集中在消化系統易引
發食慾，反而在運動時，尤其是較高強度運動，身體爲了承接
劇烈的活動量，血液會重新分配從消化系統流到運動的肌肉部
位，來幫助供給更多的含氧量，身體會主動影響大腦抑制生長
激素釋放減低飢餓感，血液循環跟代謝也會加快，進而減緩了

腸胃吸收食物，熱量攝取自然減少。所以，「運動不容易肥胖」真的是有此一說喔！

運動帶給我自信，看到自己身體素質提高，不只是體脂降低、肌肉量增加的外在線條改變，體力也明顯變好，每次流汗完情緒也跟著變好，是打從心底的滿足與開心，這是金錢買不到的改變！因為固定的運動習慣，我的基礎代謝率[4]這一兩年都維持在 1300~1400 還不錯。除了運動，多泡澡、喝水足夠也會加強基礎代謝，當然代謝率提高了，如果飲食習慣控制得好，少吃高油高糖食物，要維持好身材並不難，不然多吃進去的還是會來不及消化掉又堆在身上。

健康的運動人生──三分動＋七分吃！

「想瘦就要練肌肉！」健身房雜誌的斗大標題提醒了我！

沒錯，減肥是一場「脂肪」和「肌肉」的爭戰，每次量 InBody 檢測，看的已經不單單是體重，而是肌肉和脂肪的控制。現代人都吃得很營養，但如果沒有足夠的運動，營養就會轉換為脂肪；許多人為了要「瘦」選擇節食，反而走錯方向讓

肌肉日益削弱而流失。最好的方法跟脂肪「搶營養」讓它變成
肌肉，就是透過「重量訓練」！

　　健身這幾年雖然指數上上下下，都是因為貪吃甜食的問
題，但好在有保持固定的運動習慣，可以讓身體很快回到正常
軌道，當我忍不住口慾吃多了，就加碼運動，把多餘的營養
消耗掉減低脂肪堆積，提升肌肉量，儘量讓自己保持 Body Fat
體脂在 20% 左右，瘦的更健美！

　　你要脂肪還是肌肉呢？

　　這幾年親身經歷了健身運動帶給我的好處，甚至考取了
國際四大健身教練證照──ACE 美國運動委員會認證健身教練
證照，我常常在臉書分享也鼓勵周圍朋友開始健身。曾有女粉
絲私訊請我推薦她除了健身以外能做的運動，因為她不想練成
「大肌肉」；也有女生朋友直接告訴我她不喜歡運動因為會變
壯。在上運動生理解剖學時，曾討論過這個迷思，我覺得有必
要來為健身洗刷一下刻板印象。

　　重訓不等於魁武的肌肉訓練，尤其男女體質大不同，要練
成壯碩的肌肉，除了大重量、密集次數，最重要的是主要由男
性分泌的雄性激素「睪酮素」負責合成代謝肌肉。上帝造物的

奇妙法則，男生分泌量是女性約二十倍，天生就比女生更容易練成壯碩體格，所以擔心自己會「練太壯」的女生是想太多了。一週二到三次規律的健身重訓，反而會讓身材更有線條更彈性緊實，不會變成「浩克」喔！

運動是為了健康，自己的健康自己負責

沒有人天生就能當個好的運動員，凡事沒有僥倖，即便我已經很多運動經驗了，要長期在水上走跳，腿力就要鍛鍊。但別以為你不是運動員，就不關你的事，就算不為運動表現，腿部肌力還是要練！尤其是年過二十五歲女性、三十歲以上男性，每年肌力流失的速度大概5％。平時久坐少動的人流失速度更快，因為缺乏運動下肢肌力弱，會讓走路、站立、爬樓梯都變困難，不僅日常生活受影響也容易摔倒受傷。人生七十才開始，想要退休後環遊世界能夠健康地行萬里路，那就得從現在開始準備，提升腿部肌力！

我曾經因為疏忽造成運動傷害，自此聽從醫生的建議更加強化下肢臀腿的訓練，即便自己已經成為教練等級，仍然維持

固定一週兩次和更資深的健身教練訓練來提升自己能力。到現在雙腿整體肌力不僅大大增強，肌肉量的提升也保護到關節，非常感謝我的教練李丁龍，這幾年來帶我訓練也非常了解我的運動模式，一直幫我提升各方面的運動表現，讓我的狀態越來越好。

現在自己在當了教練以後也是用這樣的思維來幫助我的學員，總是苦口婆心分享自己走過來的歷程。我也曾經是個

健身菜鳥，在國外讀書時曾經獨自跑去健身房，在沒有人指導協助下，自己亂操作器材做了兩個小時，以為自己很厲害，結果搞到肌肉發炎躺了三天動不了。後來接觸了滑水以後，為了讓運動表現更好才開始認真和教練一對一做重量訓練，好好打基礎，健身六年來不曾間

> 年過二十五歲女性、三十歲以上男性，每年肌力流失的速度大概5％。平時久坐少動的人流失速度更快，因為缺乏運動下肢肌力弱，會讓走路、站立、爬樓梯都變困難，不僅日常生活受影響也容易摔倒受傷。

斷，現在可以在水上越滑越有力、越跳越高，力量都是經年積累出來。不管你是不是運動員，給身體適當的鍛鍊真的很重要，才能讓自己在未來年歲增長時仍然能輕鬆應付生活上的行動負荷，擁有硬朗強健的身體！健身不需要和別人比較能做多重，衡量自己的身體狀況和能力，循序漸進，持續進步，你就會感覺到身體給你的回饋有多麼的不同！希望大家都能在運動之路上長長久久、不要放棄！

國人十大死因的榜首——癌症

癌症已經蟬聯臺灣國人十大死因榜首三十七年，根據統計臺灣每年有約五萬人因為癌症而死亡，每年新增加的癌症人

數，更超過十萬人。癌症年齡越來越下降，這幾年身邊陸陸續續有朋友罹癌，這讓我更加警惕自己也要提醒大家，生活常規和正確飲食之外，如果可以的話，最好的防癌密招就是「運動流汗」！

曾讀過一篇健康醫學報導，專家建議一般人可以一週運動五天，每天流汗三十分鐘。而從事一些「微流汗」的運動半小時，是最經濟的防癌方法，像是：快走、騎腳踏車、踩階梯等，這樣持之以恆的減肥瘦身效果甚至比偶而一次運動長時間的效果更好，還能降低男性荷爾蒙和女性荷爾蒙，避免罹患相關的婦科癌症，例如乳癌、子宮內膜癌和卵巢癌。

最喜歡自己運動過後滿身汗水淋漓的感覺，尤其透過中高強度運動後的流汗，讓體內有害毒素甚至生活中可能攝取到過多的重金屬也能透過流汗排出體外，聽起來就不失為一個很棒的排毒方式！

每次運動流汗完，就會覺得自己又比昨天的我更好，神清氣爽的來面對一天的挑戰！

4.「基礎代謝率」是人體在二十四小時內，靜臥狀態下維持生命身體運作所消耗的熱量，就是躺著不動都會消耗的熱量。

Kimberly 推薦的運動激勵方式

　　我明白人都是有惰性的，有時候運動需要被激勵，像是利用社群支持，來幫助自己也鼓勵到他人一起運動！我自己一開始也是找同伴相約一起運動，的確讓運動這件事變得更有趣也更有效率。我的推薦激勵方式有：

　　1. 與好朋友相約一起運動。

　　例如一起踩登階梯或滑步機，彼此聊聊天鼓勵打氣，三十分鐘的運動很快就過去了呢！

　　非常推薦快速流汗的有氧運動——踩登階梯，跳彈跳床！覺得不過癮的，可以像我一樣，做三十分鐘到一小時的中高強度重量＋心肺運動！讓心跳加快持續逼汗之外，也讓肌肉加速

分泌肌肉激素進入血液中，能幫助消滅誘發癌細胞的因子，用運動養生防癌比吃什麼保健食品更有效！

　　每天三十分鐘或一週三小時的運動，讓身體增加「瘦體素」的分泌，能預防肥胖降體脂肪，更重要是改變荷爾蒙代謝，對預防和改善癌症非常有幫助。有罹患過癌症的病友也能降低復發率，尤其降低乳癌、胰臟癌、食道癌、胃癌與結腸癌的癌細胞生成！

每天三十分鐘或一週三小時的運動,讓身體增加「瘦體素」的分泌,能預防肥胖降體脂肪,更重要是改變荷爾蒙代謝,對預防和改善癌症非常有幫助。

2. 找私人教練一對一,預約固定的上課時間,避免給自己找藉口逃避運動。

對於一般沒有運動習慣的人,在摸索無門時容易失去興趣和恆心,建議可以透過與私人教練規律的運動約定,在專人協助指導下,避免受傷也能讓運動更事半功倍進步相對提升,而找到運動的自信和正向反饋!

3. 分享運動成果不是「愛現」。

我很喜歡在社群媒體上分享自己的運動日誌,不僅可以記錄自己的進展追蹤成長改變,看到時間日積月累下來的進步,透過與朋友分享還能引起更多共鳴,激勵自己的運動效能也間接鼓勵更多人加入運動行列,是最好的自我監測。

4. 定期測量 InBody 身體各項指數。

不要單單計較看體重數字的變化，真正的健康是三方向：體脂率、肌肉量和基礎代謝率。我的習慣是每個月兩次固定時間在早晨進健身房運動前測量體脂肪，早上起床如廁後的測量標準是相對準確的。定期監看自己的身體密碼，提醒自己身體各方面的變化，激勵自己維持好的運動習慣。

5. 早鳥運動最棒！

常常聽到很多人說沒時間運動，我自己就很喜歡早上送完小孩上學，或是工作前開始運動。就算沒有健身訓練課程時，花個四十分鐘踩踩登階機也是很棒的爆汗方式，可以燃燒大約 350 卡，流流汗真的好棒，天然腮紅氣色自然好！

6. 沒時間跑健身房？善用居家空間吧！

有時候忙了一天發現自己沒運動流汗，我就去爬樓梯。爬樓梯主要運動部位是大腿，又能鍛鍊全身，讓身體發熱，可增強新陳代謝。這個看似簡單，但其實比在平地上走或跑的運動量大好幾倍！十幾層樓反覆爬個幾次，馬上汗流浹背，達到運動效果，既經濟又實惠。

但是膝蓋不好的人不勉強，請量力而為，尤其中老年人比較有不同程度的骨質疏鬆，最好先從平地練好大腿才是首要。

開始前一定要做關節和膝蓋的暖身，往上爬可加強練臀腿力，下樓改坐電梯才不傷膝蓋喔。

爬樓梯好處：

1）有效針對腿部和臀部肌肉鍛鍊的有氧運動，可增強心肺功能，比平地快走更燃脂！

2）不只消耗熱量，還可消瘦大腿脂肪，一千五百階約消耗 240 卡（爬一小時可消耗約 480 卡）。

3）規律爬樓梯三個月，可降低血壓，減少膽固醇及體脂肪，連帶體重與腰圍也會下降！

4）增強腿部肌肉耐力，維持骨質密度。

5）讓髖關節的活動幅度增大，也使下肢肌肉的韌帶、肌腱的彈性得到鍛鍊，以達到強筋壯骨的效果。

爬樓梯前注意事項：

1）動動關節先暖身，尤其天冷不要急促進行。

2）不要穿著太厚重衣服。

3）確定樓梯間空氣流通，以免過喘呼吸困難。

4）如果平常都沒運動，不要一開始就猛爬樓梯，反而容易受傷。

5）請穿著平穩的運動鞋，穿戴護膝加強支撐。

6）不要搶快，姿勢正確、抬高膝蓋，從髖關節開始抬起大腿，腳步要輕，腳底要完全踏在階梯上，過度用力會讓足踝與膝關節承受太大壓力，也避免一次跨多個階梯，膝蓋儘量不要超過腳尖。

7）上樓爬樓梯，下樓坐電梯。

什麼人不建議爬樓梯：

1）爬樓梯是負重運動（要承受自己體重），膝蓋不好或是體重過重的人，請先以平面運動為主，免得對膝蓋有加倍的負擔，有退化性關節炎的人更是不建議！

2）O 型腿的人內側膝關節較易磨損，過度爬樓梯會加速膝蓋內側軟組織磨損退化。

3）若膝關節或踝關節出現疼痛、僵硬或腫脹等症狀，應停止爬樓梯。

把握每天三十分鐘運動，減脂又顧健康！

每天運動三十分鐘流汗其實不難，很多研究也指出微流

汗的燃脂效果比運動一小時更好！如爬樓梯、快走、騎腳踏車等，減肥瘦身效果等同於運動六十分鐘，或是每週一百五十分鐘中強度運動，對維持健康活力甚至更好。但三溫暖這類表層的被動式流汗不算喔。

三十分鐘其實不長，就看你有沒有心，如果真的不行，趁著上下班走八千到一萬步（差不多四公里），或是強迫自己不要坐電梯改爬樓梯，也算在運動喔！改變生活習慣堅持一下，不僅養生還有助把致癌物質排出體外降低罹癌風險！

不比較，跟著自己的進度走

有時候看到別人身材很好又瘦難免會心生羨慕，千萬不要因為心急而急就章。每個人的體質不同，有人天生纖細，不用怎麼動體脂就很低，做個平板幾次就有馬甲線、有人天生是運動體格，一下就練出讓人羨慕的肌肉。我呢？天生就骨架小多肉型（易胖）身材，偏偏又愛吃美食，要很努力的動（還要加上飲食忌口），體脂才會下降。但沒關係，多努力動就好了，運動多不會白費。

如果你跟我一樣是肉肉型女孩與骨感無緣，不用覺得不公平，多動一點，每一滴汗水都是值得的，還賺到了健康。記住，自己所做的一切努力，都是為了讓自己開心、更漂亮、更健康，

別人對你的評價會有百百種，我們無須為別人的眼光而活，接受自己、愛自己吧！努力讓自己變得更好才是目標！

年輕只有一次！

幾年下來的運動習慣，讓我從中學到很多經驗，也曾經經歷過幾次運動傷害，讓我上了許多寶貴的課。為了讓自己成為更專業的運動員，讓運動之路更長久，我特別去上課進修專業健身教練必備的運動相關證照課程，除了補足自己的運動健身專業知識，也希望能幫助引導身邊更多還未運動的人，重獲健康。透過這些專業課程學習到人體解剖學和運動生理學專業知識後，更了解維持身體硬朗是多麼不容易！

每每聽到周圍長輩或是有親朋好友因為輕微跌倒骨折受傷或是不良於行的生病案例，就會特別去了解前因後果，我發現大部分的發生原因，都是因為長期缺乏運動而導致受傷或疾病。我媽媽也因為長期沒有運動，加上坐姿不良，幾年前因為腰痛到影響腿部行走甚至無法站立，而開了刀解決椎間盤突出的問題。長期不運動的年長者很容易造成肌力流失和骨質疏

鬆，變成容易跌倒骨折的高風險族群。之前媽媽和爸爸出國旅遊時，就因為不小心絆一跤，之後更常常腰痛回臺灣臥床好久。身邊也有些平常不運動的太太朋友們，因為跟風流行迷路跑或三鐵活動，雖然只是少少的三公里、五公里，但因為平常沒有針對跑步做訓練，在缺乏核心肌力下，在水泥地上跑步過程中因為錯誤的發力而導致膝蓋疼痛或小腿拉傷，沒有運動到還損耗了關節，得不償失啊！希望這些故事分享，能讓大家為朋友或家中長者傳遞不同的運動觀念，尤其許多婆婆媽媽們不愛運動愛坐沙發追劇，長久下來，幾乎都有腰間疼痛的毛病，不然就是爬山完就膝蓋痛鐵腿。不要以為這只有年長的人才會發生，很多年輕人也常有同樣的問題。

給大家一個很重要的觀念：不論任何年紀，都要做好基本運動訓練，要有好的腰椎，先要有好的核心！我們做任何動作，都需要經由核心肌群來傳導力量，核心肌群就像是全身肌肉群的心臟一樣，只要核心肌群有足夠的力量和穩定性，就可支撐身體做任何大小動作，有了強而有力的肌群保護下才不會讓脆弱的脊椎承受到太大的壓力而受傷，也可以使發力過程更順暢！深深覺得人體真的是上帝非常奧祕的傑作，所有肌肉骨

骼設計搭配的天衣無縫，我們要好好了解並正確使用它，才能
把功能發揮到最大！

　　有一些網友曾問我，在水上一直跳看起來很厲害，在不穩
定的浪面上跳難道膝蓋不會受傷嗎？這是個很好的問題，如果
你的身體準備不足，當然會。之前我曾經在出國訓練期間因為
練習過度又沒有適當的拉筋放鬆導致膝蓋不舒服，之後以為自
己可以克服，在沒有休息的狀況下還繼續練習，結果導致更嚴

重的傷害。為了讓運動之路更長久，回臺灣後重新審視自己的運動模式，聽從醫生專業的建議，更加注重各個環節，除了下水前暖身、不過度練習、滑水完要拉筋放鬆肌肉，更重要是足夠的肌力訓練！

「重訓」是占我所有運動中最重要的一部分，它是一切運動的基本必須，不管你從事什麼樣的運動（或是一般人）負重運動絕對是必要的！加強肌力也加強骨質密度。尤其是滑水運動到高級程度後，會增加膝蓋和髖關節的活動使用，更要靠重訓加強肌耐力和肌力，讓我在水上有更好表現之外，最重要是保護穩定各關節不被磨損代償，萬事互相效力，每個訓練都是環環相扣不可少的。

你們知道人一旦到了三十多歲骨質的健康高峰期，就會開始走下坡了嗎？

在人體整個生命期間，骨骼會不斷地被分解，並同時不斷被復原，正常人約在三十歲骨質密度會達到一生的高峰，之後每年便以 1% 的速度流失。隨著年紀越大加上代謝失衡，骨質

流失就像坐雲霄飛車般快速；而女性罹患骨鬆的機率比男性高四倍，尤其在更年期的婦女每年流失的速度更達二至三個百分比！如果不趁早訓練肌肉，四十歲以後，肌肉量會以每十年減少 8% 的速度流失，七十歲後更加速流失！在沒訓練情況下先天肌肉不足，再加上隨著年紀的流失速度，就容易罹患「肌少症」——肌力不足容易無力、跌倒、易骨折、甚至增加失能臥床的風險！所以運動真的好重要！

　　根據醫學統計調查，臺灣每五名長者就有一人患有肌少症，只有負重訓練能增加骨質密度，所以說，重訓真的不只是年輕人專利。而年輕人如果不運動、營養失衡或過度減肥，也會提早面臨骨質疏鬆問題，不想以後動不動躺床失去行動力，最好及早開始負重運動。很多不愛運動的人以為平常有散散步就會健康，但事實是：沒有「負重訓練」就躲不了「肌少症」的風險！重訓為的不只是練好看的肌肉，更重要的是透過負重阻力，讓骨骼感到壓力使負責造骨和破骨的骨細胞經過重塑過程，刺激骨骼生長而增加骨密度。

　　重訓不是年輕人的專利，就算是老年人，每週兩三次適量的重量訓練，都可以明顯改善骨質疏鬆問題，甚至讓老人家的

Kimberly 熱血小語

沒有「負重訓練」就躲不了「肌少症」的風險！重訓為的不只是練好看的肌肉，更重要的是透過負重阻力，讓骨骼感到壓力使負責造骨和破骨的骨細胞經過重塑過程，刺激骨骼生長而增加骨密度。

身體變更強壯。除此之外，別忘了曬太陽，促進身體自行合成維生素 D，加上規律持續運動；特別是負重運動，簡單的像是健走、爬樓梯、跳繩，及阻力運動，例如用自身體重的運動如深蹲、舉啞鈴、使用固定式器械、彈力帶……等訓練，才能整體強化骨骼和肌力！

我媽媽不愛運動，我跟她說希望她多動不然老年會辛苦，她說「吃吃維他命就好」。健康不求人，保護膝蓋最好的方法，不是都不動，也不是吃保健食品就延年益壽，而是做對運動訓練肌力。大腿處的「股四頭肌」是身體中最大的肌肉，也是站立行走支撐身體的最重要部位，透過適合個人的肌力運動，讓大腿前側的股四頭肌、後側大腿肌肉、小腿肌肉更強健，能夠穩健強化膝蓋周圍肌群，減少關節磨損，老年才能健步如飛！

我自己在前幾年膝蓋曾經受傷連正常蹲下都有困難，聽從醫生建議適當休養後繼續加強訓練大腿及臀部肌群，到現在仍然能在水上跳躍滑行，甚至之間經歷過多場比賽都拿好成績，還成為一名專業健身教練帶學員運動，證明正確的運動觀念才是關鍵。

　　再舉一個自己的例子，前幾年因為滑雪滑得太瘋，天氣不好又沒休息，在黑線摔了一跤當場上演「大法師」手肘翻了過去，緊急送醫 X 光檢查後，很驚訝我骨頭沒斷只是脫臼又彈了回去，醫生說好在我平常有重訓習慣，骨骼還算硬朗，韌帶彈性也比一般人好！所以，建議大家不要在乎年紀，無論幾歲，運動都是最重要的事。

女生最在意的話題
──減肥要瘦對地方

　　減肥永遠是女人最愛的話題，很多粉絲問我：「為什麼每次減肥，都先瘦到胸部？健身太多會不會讓胸部縮水？怎麼減才不會減到胸部？如果減到胸部，可以怎麼運動把胸部補回來？」

　　分享一些我的經驗，比較豐滿的人，體脂很難降得很低（所以別強求）。拿我的例子來說，這幾年再怎麼努力運動，我身體的總體脂總是很難達到我要的最低點，可能因為我太愛吃無法克制自己完全忌口不碰地雷食物，只好透過運動循序漸進，也因此對女生最在意的胸部大小並沒有什麼影響，頂多在半個 Cup 間游移。女生正常體脂 18% 到 25%，高於 30% 就屬

過度肥胖，代表身體有太過多的體脂肪（相對胸部上也會有多餘脂肪），這時候可以透過多一點的有氧運動來消耗過多脂肪，以及重訓來鍛鍊胸部肌群，讓胸型更緊實不鬆垮！

我從小食量就大，年輕時的我怎麼吃都吃不胖，生了小孩後隨著年齡體質改變，越來越難維持窈窕身材，代謝變差稍不留神就堆肥了。我減肥資歷超過十年，什麼方式都試過，曾經一下子瘦好幾公斤，結果胸部縮水、翹臀也塌了，之後也更容易復胖，得不償失。愛美的女孩注意，千萬不要節食不吃來減重（掉的體重數字只是假象），這只會讓身體快速脫水、代謝變更差，肌肉掉更快，也會容易瘦到不該瘦的地方。不當的減重方式，不僅不健康易復胖，還會讓你的事業線消失變成太平公主！

很多女生怕胸部縮水，對重量訓練避之唯恐不及，其實適當的鍛鍊胸肌，加上吃對食物，不只不會讓胸部變小還可以避免下垂而增加彈性，也可以消掉多餘的贅肉，例如消除手臂下的掰掰肉和收緊副乳，胸型反而更堅挺漂亮！

如果本來就是上胸扁塌，大部分是因為太瘦才會看起來扁塌，多吃富含膠質的食物，加上多鍛鍊胸部肌群，不僅可以增

加乳房底座的厚度，也可提高胸部支撐力，促進血液循環，增加胸部的彈性，這會讓女生的上胸變得比較飽滿，整體胸型看起來也會更挺（尺寸不是問題，小而美也很好）。最重要的是，只要保持正常健康的體脂數字不要過低，就不必擔心運動會讓胸部變小！

如何選擇運動方式和比重？

如果體脂過高：建議除了重量訓練是必備的之外，可以多做中高強度的有氧心肺運動，讓燃脂效率更好，效果加倍。

如果體脂正常：減少中高強度有氧運動的比例，避免燃燒過多脂肪而讓整體的體脂又降的過低。利用重訓針對局部收緊線條，特別是胸部和臀部的肌群訓練，S

曲線就出來了！

　　如果體脂過低：良好的食補搭配重訓，血液循環變好才能讓營養到對的地方。

減肥造成縮胸的因素

　　1. 快速減脂：節食減肥會造成全身脂肪的快速消耗，胸部大部分是脂肪組成當然也會變小，還會變得鬆弛下垂，萬萬不可！

　　2. 攝取不足蛋白質：減重過程中除了限制脂肪及碳水的攝取之外，營養均衡還是很重要。一定要補充足夠蛋白質，不然會造成身體各部位由蛋白質結構所形成的組織萎縮，胸部下方胸大肌的肌肉及乳房內的乳腺組織也會跟著萎縮變小！蛋白質可從牛奶、肉類、豆腐類、蛋類中攝取補充，以免瘦了體重，也瘦了不該瘦的地方。

　　3. 不正確使用減肥藥：坊間減肥藥物中可能含有大量抑制激素分泌的成分，不當使用可能影響賀爾蒙出現乳房縮小的現象，激素的逐漸減少，正是造成胸部縮小的主因！最好諮詢專業醫師才能使用。我以前也試過吃減肥酵素減重，造成容易

心悸，最後還是靠運動瘦身，皮膚彈性好瘦的也健康，線條比數字更重要！

4. 營養不良：很多女生減肥，營養補充不足，第一個都先瘦胸部，所以在減肥期間不要大起大落一定要注意均衡的飲食，如果發現胸部縮水了，趕快補一補富含膠質的食物，不要怕體重上升，吃回來再重新用對的方式開始！

5. 過度只做有氧運動，胸部一定會跟著縮小，因為燃脂是全身性的！

如果你的身材已經很勻稱，又很愛跑步當運動，就要控制時間不要跑到天荒地老，過多有氧運動一段時間下來不只胸部縮水，胸肌的厚度也變薄了！加入重訓項目，平衡肌肉發展強化胸部肌群才能幫你 Up Up!

要健美不要當紙片人

女生在成長過程，因為地心引力和胸部脂肪增長會逐漸往下垂，唯有透過鍛鍊（不然就得靠人工）才能維持好看又健美的身形，把胸大肌整個練起來，使胸肌飽滿，視覺自然變更挺，雖然基因很重要，但是訓練胸肌是更有幫助的！沒有運動

的女生胸部肌肉會比較單薄或鬆弛，透過加強鍛鍊胸肌，可以增加胸部乳房的厚度（就像加了隱形胸墊一樣，還是最自然的）。不同的訓練方式可以強化胸部不同部位，消除副乳並且提高胸部支撐力，也可以讓上胸變飽滿一點，整體胸部彈性都會變好，讓你恢復漂亮堅挺的胸型，尺寸大小反而不是那麼重要了。

　　我有兩個孩子，因爲長期健身，碰到不少女生問到的產後身材問題，誰不想維持青春肉體，但人都會老！尤其當了媽媽生小孩哺乳之後，很多婦女都面臨身材變形的困擾。曾經有朋友勸我不要餵母乳說胸部會變形，但是爲了給孩子最好的，我兩胎都堅持餵母乳。當然你不能跟青春時代相比，但我們必須用健康的心態面對。哺乳是很偉大的工作不要害怕，大家要導正觀念，並不是餵母乳才讓胸部變形。上帝造人很奇妙，女人要生兒育女餵養生命，其實從懷孕那一刻起賀爾蒙改變，乳腺逐漸發達胸部就開始變形了，所以女生總是很開心懷孕變得特別豐滿性感，但是當你停止哺乳，賀爾蒙恢復正常、乳腺萎縮後，原本撐大的乳房會就會鬆垮下來，也會比較失去彈性。千萬不要產後快速減肥，這是導致胸部下垂的一大主因！

　　女人們也不要失去信心怕自己變不美了，女人在每個階段

Kimberly 熱血小語

適當的鍛鍊胸肌，加上吃對食物，不只不會讓胸部變小還可以避免下垂增加彈性，也消掉多餘的贅肉，例如消除手臂下的掰掰肉和副乳，胸型反而更堅挺漂亮！

都會蛻變，媽媽有不同的美，充滿光芒，在我們面對鏡子裡赤裸裸的自己時，當然希望能變得更好。我自己的親身經歷，在生產哺乳兩胎之後，透過針灸、按摩，正確穿著調整型內衣都有不錯的改善，但一切要從根本調整才能有最好的改變。透過運動激化胸部肌群加上內在食補給身體足夠的營養才能事半功倍的強化外在身形，仍然可以回復好身材（看看我的例子），我覺得自己甚至比生產前有更好的狀態！朋友都說我逆齡了，天下沒有白吃的午餐，但是你要不要付出努力呢？

運用正確的運動循序漸進來刺激胸部肌肉發展（用不對的方式快速減肥反而會導致胸部下垂），再兼顧食補多吃富含膠質和膠原蛋白的食物（不要亂節食會瘦到不該瘦地方）。女人們加油練起來，做個從裡到外都健康漂亮的女人吧！

倒立練出好身材！

我愛倒立！隨時隨地翻轉一下！

一天至少三分鐘，讓自己顛倒一下！運動學家說：「倒立五分鐘，勝過睡眠兩小時！」

我們慣常的姿勢，會讓肌肉、淋巴隨著地心引力向下垂，利用反重力讓身體上下反轉可讓身體得到超多的好處並且改善健康！正常情況下直立行走時，人的血液循環容易造成大腦供血不足和心血管系統超負荷，通過倒立改善頭部供血，對於平常久坐久站、腦力勞動、坐辦公室的人特別有好處！我很喜歡倒立，只要沒出門運動，我一定也會在家裡找地方動一動，別

給自己沒時間運動的藉口，家裡每個角落我都能利用。做做瑜珈只需要一個小空間，讓自己身體持續保持在使用狀態，找面牆練習倒立，全身肌肉都要用力，強化手臂、背部、腿部和核心平衡！

每天倒立有很多好處，可惜很多人都不知道！

1. 緩解水腫：每天久坐不動的人，身體循環變差一定容易水腫，倒立可以促進體液的流通，水腫可以得到緩解。

2. 鍛鍊胸部肌肉和頸椎：倒立需要手臂、肩部和胸大肌的支撐，相當於對胸大肌的鍛鍊。如果是男性，胸部就會顯得厚實健壯，如果是女性，胸部會變得豐滿結實更有彈性，對腹肌和頸椎也有很好的強化！

3. 促進全身的血液淋巴循環，加速新陳代謝。幫助內臟器官恢復正常位置，減少胃下垂、防止肚子屁股和大腿的脂肪淤積，保持年輕體態。

4. 預防腦缺血、頭暈、靜脈曲張，減輕心腦血管系統負擔及各類心腦血管疾病。

5. **倒立對青少年可以保持良好體形，有助增高，促進大腦發育提高記憶力**。對大人可緩解疲勞、消除疼痛、舒筋活血、放鬆身心。倒立不但能使體態更加完美，還能夠有效的減少面部皺紋的產生，延緩衰老。

6. **放鬆長期受壓迫的脊椎**，促進椎間盤生長和再生，幫助恢復彈性、增強脊椎的柔韌性，預防治療各類脊椎病變引發的疾病

7. **頭倒立可刺激內分泌系統**，尤其是垂體、松果體、甲狀腺和甲狀旁腺，這些腺體產生的激素對人體有著不可或缺、至關重要的作用，扮演著帶動全身健康發展的重要角色。預防氣喘、花粉症、糖尿病和更年期失調，也有助於調節各種神經和腺體疾病，特別是生殖系統。

8. **刺激消化腸道、排毒、按摩肺部！**

透過反重力提升腸道能量：釋放腹部器官的血液重量，倒立狀態下吸氣，吐氣更深長，透過每次呼吸把更多氣體送至肺部的上半部，交換更多的氧氣進入血液細胞，而大量的二氧化碳、毒素和細菌就可以從肺部以及身體排出。

倒立的好處很多還會上癮，大家一起來學習倒立保健吧！

沒有倒立基礎的人，可以靠牆練習，
並請專人在旁邊指導

在進行頭倒立之前，首先找到頭頂的位置是很重要的。

如何找到頭頂位置：將你的掌跟放在雙眼中心（眉毛之間的空間）用手掌貼住你的頭，中指落在的地方，就是很好的近似你頭頂的位置。理想情況下，要將倒立的重量放在頭頂上，這樣就不會因為你的體重向前太靠前額或者太靠近頭骨底部而不小心頂到頸部。

練習步驟：

1. 金剛坐姿。雙腳彎曲坐在腳跟上，身體前傾跪立，將雙手肘放到地板上，互抱手肘，雙手臂之間的寬度儘量不要超過小臂的長度。然後手肘定住不動，鬆開雙手前臂向外打開十指交握或雙手掌交疊大拇指交握，讓雙臂和雙手交合的位置形成一個穩定的三角形。

2. 彎曲雙腿，膝蓋著地。將剛剛量測的頭頂位置點放在軟墊上，用雙手掌心頂住後腦，下手臂平放地面，手肘打開與肩同寬，保持肘部之間的距離與肩同寬不要往外擴，以形成一

個等邊三角形。

3. 穩定好肩膀。將身體的重量、雙臂、手肘、腳趾向地面下壓,將膝蓋、大腿、臀部向上抬高,從肩膀開始把重心向前移,然後頭頂輕輕頂放在墊子上,試著把脊椎和大腿朝天花板伸展。

4. 將腳趾點起,將膝蓋抬離地板,臀部向上,呈下犬式(只是你的前臂和頭部在地板上)慢慢地讓腳走向身體。頭部盡可能與你的脊椎形成一條直線或保持在垂直位置,試著用頭頂、手肘、腳趾平衡。頭倒立的一個祕訣是臀部和肩膀對齊,將身體重量分配均衡在雙手與頭部,脊椎與臀部持續朝天花板伸展。

5. 為了使臀部與肩膀對齊。這將需要啟動核心力量,繼續向前傾斜你的臀部,直到腳從地板上自然抬起、完全抬起膝蓋到垂直位置,並保持膝蓋彎曲,慢慢伸直髖關節大腿向上移動,專注於平衡身體。慢慢伸直膝蓋和整個身體應呈一直線。

6. 最後伸直小腿。這是頭倒立式的最終姿勢,身體在最終姿勢中維持平衡,讓自己感到舒服放鬆,只要能維持頭倒立三十秒就可以有效果,可視身體狀況逐漸增加時間,建議三到

五分鐘就可以達到促進健康的作用。

7. 依上述步驟反向，慢慢返回初始位置。輕輕地左右轉動你的頭或上下移動下巴，慢慢地釋放肩頸的壓力，然後放鬆身體。

女孩們的減重疑問，
K 教練來解答

　　健身教學期間，常常碰到學員有百百種問題，以下集結一些大家最關心的問題，跟大家分享我的經驗和看法。

　　問：不少女性粉絲問我生完小孩怎麼減肥？

　　K 教練：首先，大家必須要有正確的觀念，減肥不是減體重，那是後續效應，減肥的目的是「減脂」！我也是花了十年試遍各種方法才找到減肥的真諦，怎樣瘦的長久又健康──運動＋飲食！

　　很多女生怕胖，以為「喝水都會胖」，所以少喝水造成身

體含水量不足，脂肪更難減的惡性循環，一整天戰戰兢兢連跑個廁所都要量體重看有沒有減輕。其實減少水分只會暫時讓體重減少，不管你用任何方法快速排除體內水分（流汗或上廁所）那都只是「暫時瘦」。過度排水狀況那叫「脫水」，暫時的水分流失都必須大量喝水補充回來，以免身體因流失水

分使肌肉減少並且體脂增加，非常不健康。如果真的想要瘦的健美又有線條，除了規律的有氧運動之外，就必須練肌肉。透過鍛鍊緊實肌肉，體重未必會馬上減輕，而是尺寸圍度減小，看起來有線條，讓身材塑形，因為肌肉的增加而變得更健美。

對於大多數需要減肥的人來說：一是脂肪過多，二是肌肉過少。先增肌，強化了代謝，更能讓減脂發揮最大功效！

問：明明以前都有去健身，不過是停了幾個月，為什麼現在好吃力很多動作都使不上力？

K 教練：當然喔，身體的回饋是最直接的，抗阻訓練／負重訓練可以增加肌肉的質量，但一不練就會開始流失，肌力也是可逆性的，身體一旦停止抗阻訓練，力量就會損失。

像我妹妹之前健身幾個月培養的肌力，因為回來臺灣停了三個月沒重訓，肌力幾乎掉一半，如果再不加強力量訓練，兩倍時間的損耗將會讓肌肉變小更加無力而流失所有力量喔！如果過了很久沒運動，只能一切重新開始，要辛苦一點再練回來。肌力不一定和年齡有絕對的關係，不是年輕就一定有力量，就算年紀大的人，有訓練就會有力，年紀輕不訓練，照樣手無縛雞之力，讓骨骼脊椎面臨脆弱的受傷風險！

現在的人都很忙，要工作、要應酬、要玩樂，常常把運動放到最後一位，或是一段時間後就停止運動，身體是現實的，當你停止運動（重訓）一段時間後，之前所練的肌力就會開始下降，兩倍的時間不訓練將損失所有之前訓練的力量，又要打掉從練！

問：教練，我的屁股很扁塌，該怎麼辦才能擁有翹臀？

K 教練：要對抗地心引力不讓臀部下垂，女生的臀部不能不練，唯有靠負重運動（重訓）來修飾改善臀部肌肉線條。透過臀部及腿部肌群的鍛鍊，讓臀部上提飽滿不鬆垮，千萬不要靠節食減肥，就算一時瘦下來了，胸部屁股也會扁塌，變成太平公主喔！也不要為了顯示翹臀，刻意的撅起翹屁股喔！

很多女生為了讓自己看起來前凸後翹，會不自覺的往後提臀，讓骨盆偏離中立位，造成肚子微凸翹屁股的骨盆前傾、臀部上揚的視覺效果而變成「偽翹臀」，長期做這樣的姿勢不只腹部肌群無力，還會腰痠背痛。想要真材實料打造翹臀，先把姿勢擺正，練對方式打造紮實的翹臀肌。

問：我覺得代謝不好，最大的問題是什麼？運動真的可以改善嗎？

K 教練：有運動習慣的人，比起不動的人，相對的身體肌肉量比例會比較高，基礎代謝率也會較高，因為肌肉消耗熱量的能力是脂肪的十倍以上，所以身體肌肉比例越高，基礎代謝率也就越高。

影響基礎代謝率的原因很多，除了因為年齡增長而降低，環境影響、生活習慣、身體肌肉量、飲食方式⋯⋯等等因素也會影響。改變自己生活習慣，養成良好的運動模式，自然可以大大提升代謝功能。另外，喝水的量也是很大因素！很多學員是家庭婦女，我發現媽媽們忙著照顧家庭工作常常忘記喝水，一檢測 InBody 身體的總含水量都太低，跟著影響身體基礎代謝率，小心身體毛病跟著來！健康的根本，就是每天喝足夠的水！從今天開始提醒自己：喝水、多動、保持好心情，一起追求更健康的自己吧！

健康喝水法則

1. 早上睡醒先喝一杯溫開水（一大杯馬克杯量），暖胃也促進腸胃蠕動讓排便順暢。

2. 喝多少才夠？

三十歲前體重 × 35～40、三十到五十四歲 × 30～35、五十五到六十五歲 × 30、六十五歲以上 × 25。有運動要再多喝。

3. 適時適量分次補充，一次約 200～300CC，補得到位才不會過量造成身體負擔。

4. **不要等口渴才喝水**，代表身體已缺水太久！

5. **尿變深色也是警訊**，水喝太少！

6. **運動或戶外活動完更要補充大量水份**，補水也提高身體代謝還能幫助減肥喔！

7. **不要喝冰水**，室溫最好，尤其女人要避免婦科毛病，最好戒冰水。

問：運動了很久，身材還是肉肉的，到底哪裡出了問題？

K教練：想要正確減重，除了運動更要搞懂怎麼吃。為了成為一位專業的健身教練，我特別去參加證照受訓考試，上過營養學和解剖學課程後，了解到人體真是一個極其複雜的系統，需要均衡的營養而不是單一營養素

而已。時下許多減重法我都試過，其實很多都有效，但持不持久才是重點！要保證身體健康、運動有更好的效率，就需要多種物質的供給，吃的食物顏色多樣性、種類多元性，才是持久健康的方式，努力讓自己擁有更好的飲食觀念，才能讓自己的運動人生更事半功倍！

很多女孩怕胖運動完不吃不喝，萬萬不可，這樣反而容易變胖，運動了老半天最後該瘦的都沒瘦下來！運動後千萬要吃東西，免得消耗肌肉，想要增肌，把握重訓後三十分鐘到一小時黃金時間內用餐，距離運動完越近越好，拖太久才進食增肌效果就沒那麼好，能量不會馬上進到肌肉，反而會轉為脂肪儲存喔！當然，吃對食物，瘦的健康不怕胖！

問：到底要怎麼吃，才會瘦？

K 教練：減重飲食是一個長期的計劃，為了讓健身運動及增肌或減脂的計畫走得長久，適當的休息放鬆是必要的，避免過度抑制而有反彈造成反效果。我週末都比較沒忌口放鬆，吃一點我喜歡的甜點、冰淇淋，但平日我就會嚴謹一點，健康均衡飲食，尤其增肌需要碳水化合物促進肌肉生長，它是身體首

選的能量來源，千萬別避之唯恐不及。

正常人的營養攝取比例大概是碳水化合物 45% 到 65%、蛋白質 10% 到 35%、脂肪 20% 到 35%，在成長階段時期，攝取食物的卡路里需要多於消耗的卡路里，讓身體處於正能量平衡是很重要的，才不會發育不良。但對於要瘦的目標，就必須讓消耗的卡路里多於你吃進去的卡路里，讓身體處於負能量平衡，才能達到減肥功效，簡單來說就是消耗的要比吃的更多！但現代人常常吃太好吃過多卻很少動，適當且規律的運動配合正確飲食，才能長期堅持下去。

任何快速瘦身的方式只能應付短暫需求，不然一旦身體失去平衡，很容易荷爾蒙、內分泌失調、尤其女生經期大亂或消失，身體容易出問題，反而提早衰老喔！

問：重訓可以訓練什麼？

K 教練：一般沒有運動的人，聽到「重訓」可能會很害怕，其實不同的目標有不同的訓練量和強度，像是不同的需求：一般肌肉的適應能力、肌耐力、肌肥大、肌力、爆發力，依照個人狀況來循序漸進提供訓練方式，就連老年人都可以進行重訓

喔！所以重訓為的不見得是單純在運動表現上求精進，最主要還是讓一般人透過重訓能過鍛鍊身體提升肌肉力量，改善身體行動的發力模式，矯正體態，用對的力，避免施力不當讓關節勞損，能夠讓自己因應生活中的一切活動。

問：完全沒有接觸過的人要從哪裡入門比較好？

K教練：沒有任何運動經驗的人，建議還是要請專業私人教練，從個人體態評估，適應能力來規劃適合的運動模式，或是兩人小班制，才能確保有獲得正確完整的指導。我有一些學生因為沒有健身基礎，也不懂各肌群該如何正確發力，導致核心無力肌力又不足，和朋友參加路跑或是勉強自己跟團課，不僅效果不彰還冒上運動傷害的風險。

問：需要先減重再加入重訓的行列嗎？

K教練：不需要，重訓也是減重計畫當中很重要的一環，每種訓練都是環環相扣。有氧運動可以讓肌肉更有效運用脂肪，並且提升心臟的效率，而想減脂，先重訓再做有氧運動，能讓肌肉量提升，加強基礎代謝率，讓有氧更有效率。透過身

體的各項指數檢測，建議和教練討論分配有氧和重訓的訓練比例，以達到最好的減重成果！

問：重訓完到底該怎麼吃？

K 教練：從運動營養學的觀念告訴大家，增肌的關鍵不只是吃蛋白質，運動後補充適量碳水化合物，澱粉類食物和好的油脂，可以促進肌肉生長激素分泌，也幫助提高肌肉生成效率。透過運動和飲食搭配聰明吃，不只讓體能上有好表現，也才能真的增肌減脂。

通常結束工作一天回家我會在六點左右就吃飯，吃飽吃滿足，免去餐後吃消夜的慾望！如果我在健身房待的時間比較久非得在外食，我會先準備好便當，現在很多舒肥即時料理採買方便又健康，或者選擇餐廳叫健康餐盒外送，讓我運動後或教課空檔可以儘快用餐。很多學員或粉絲問我怎麼吃，基本上掌

握吃的原則——食物多樣性＋顏色豐富性，均衡飲食不偏食，一天中要有足夠的碳水化合物，不能完全不吃，小心長不出肌肉喔！

　　運動後三十到六十分鐘，可攝取以碳水化合物為主（碳水和蛋白質比例為 4：1 到 3：1）約 300～400 卡飲食組合，例如：地瓜、香蕉、燕麥餅乾、御飯糰或三明治，搭配無糖或低糖豆漿、無糖優酪乳或牛奶，碳水化合物會馬上補充消耗的肝醣，促進胰島素分泌，讓新陳代謝更加順暢加速減重，也幫助運動後體力的恢復，避免肌肉流失被當成能量燃燒。

問：可以不要重訓，做有氧運動就好了嗎？

K 教練：力量訓練與心肺訓練都是必要的，有氧運動要有更好的效率，肌力不能不練，每種運動都是相輔相成，環環相扣，互相效力，應該都要兼顧。重訓是任何運動的基本需要，能讓關節靈活，肌肉有力，心肺功能好，協調平衡反應快！例如我從事的 Wakesurf 快艇衝浪，算是一個滿耗費體力的水上有氧運動，因為我們要不停的在水上 Pumping 滑行又蹲又跳，其實非常喘，這樣的運動也需要相對的腿力，和穩定的下肢關節，腳踝和膝蓋及髖部的穩定性很重要，要保護關節又要強化

水上動作表現，重量訓練絕對是必要的！

　　想瘦、享瘦，就要練肌肉！許多人為了要「瘦」選擇節食，反而走錯方向會讓肌肉日益削弱，最好的方法透過「重量訓練」。不能單單只做有氧心肺，中高強度負重運動能在運動後持續升高代謝率，更加速燃脂！不要太過執著在體重數字，卯起來不吃或靠藥物瘦身只是體重機的「暫時瘦」假象，別把身體脫水當瘦了，賠了夫人又折兵還會傷身，一兩餐一杯酒就會讓你復胖。任何極端方式減肥只是短暫時期千萬不可太依賴，也不要只單做有氧拚命燃脂，這樣反而容易瘦成乾瘦的平板公主。

　　我試過各種減肥方式，真心覺得重訓＋心肺雙重訓練才是王道。提升肌肉量，代謝增高，進而幫助燃脂，搭配有氧運動更能事半功倍，讓你瘦得前凸後翹！我的體脂沒有很低，身上肉還滿多的，但所幸在減肥摸索繞了一大圈後，透過良好的運動方式和習慣，該瘦的瘦了，肉也留在對的地方，透過正確的運動分配模式加均衡飲食把自己肉肉身材變健美。

問：為什麼健身一段時間了，體重不降反升呢？

K教練：不要一味的想著降體重數字，減肥是在「減脂」

不是在減重。「體脂」和「肌肉量」才是關鍵，透過運動正確減肥，你身體的脂肪率會下降了，同時肌肉力量在上升，所以體重回升一些是很正常的喔。

問：教練身材維持得好好，怎麼樣可以維持呢？

K 教練：前一陣子一些會員朋友來健身房看到我，說怎麼瘦這麼多，還有人問我有沒有瘦到三、五公斤，答案是沒有。分享我的親身經歷實測，對比一個月前的體組成，體重只降了差不多兩公斤，但是肌肉增加，代謝提升，體脂降了快3%（掉了兩公斤的脂肪），等於減掉的都是脂肪。身體變得更結實有彈性，其實不難，只要你有心，用對方式，就會看到好的改變！

這個月我做了什麼？分享一下我的健康瘦身心得：

1. 規律運動。重訓＋有氧都要兼顧，才不會乾瘦（我一週三次健身房＋二次滑水）。

2. 不喝含糖飲料（尤其最愛的珍奶）。

3. 不餓肚子，正餐吃得好，吃得飽！避免餐與餐中間吃垃圾食物。

4. 均衡飲食，千萬不能完全不吃醣類，身體有保護機制，失去平衡會更容易反彈！我通常把碳水化合物放在早餐／午餐（運動後），晚餐以海鮮／肉類、青菜為主＋少量水果和堅果。

5. 晚餐提早吃，八點後忌口，餓了喝溫水。

6. 每天正餐中吃很多蔬菜，也增加飽足感。

7. 以前天天幾乎都要吃甜食，尤其愛糕餅派類，改成一週一到二次。

8. 每天喝足夠水！ 2,500 到 3,000CC。

9. 戒掉洋芋片零食，嘴饞時候吃一些堅果或挑選健康營養的餅乾或五穀米棒。

10. 戒外食油炸物，想吃自己家裡炸，控制油品質和攝取量。

11. 重訓前喝咖啡，加速循環燃燒卡路里，平常則減量避免攝取過多咖啡因。

12. 改掉團購辦公室美食，工作中忌口吃零食壞習慣。

13. 多泡熱水澡，加強代謝。

14. 減少熬夜！

問：每天認真跑步一小時為什麼胸部縮水了？

K 教練：如果你只單一做中／高強度有氧運動，女生身體最多脂肪的地方一定會先瘦！過度的有氧運動的確容易讓胸部縮水，建議比重：有氧三到五天、重訓二到三天。不管你做什麼運動一定要搭配重訓，適度鍛鍊各肌群，線條美麗又不會乾瘦，胸部也會練的豐滿又有彈性！

問：有些年紀大的婆婆媽媽會跟我說：「教練，我也有運動啊，都會去公園散散步之類的，為什麼還是常常會沒有力氣呢？」

K 教練：很多年長人害怕有強度的運動，以為會受傷而只喜歡單純的散步健走，這雖然也算是運動，但對骨質的保健來說助益不大，定多是加強消化系統腸胃蠕動而已，我們人體的骨質高峰期為三十歲，上了熟齡中年的我們，骨本已開始流失。

問：適度的有強度的運動可以增加骨質量，並減緩骨骼破壞速度，那為什麼一定要做負重訓練（重訓）呢？

K 教練：ACE 的運動醫學研究指出，沒有受過訓練的人在經過十週的重訓之後，肌肉質量可以增加 1.4 公斤，基礎代

謝率可增加 7%（幫助燃脂），可減少約 1.8 公斤的脂肪，達到增肌目的又有減脂好處。肌肉對骨骼來說是很重要的保護和支撐，當你停止運動的時候，肌肉也開始萎縮，肌力流失就容易造成骨質疏鬆問題，尤其女性先天肌肉量較男性少，更容易提早面對骨鬆毛病。

問：想讓小孩練拉筋劈腿，會不會長不高？

K 教練：大家印象中都以為跳舞練體操常拉筋的人都長不高，其實是刻板印象，只是個兒小的人在這些項目中表現比較靈活相對出色，讓大家以為做這些運動的人都長不高，其實拉筋好處多多，很多人都不知道。

☑ 增加身體靈活度與關節活動範圍。

☑ 改善水腫體質，尤其久坐少動的人可促進下半身循環。

☑ 降低潛在運動風險，保護過度使用的肌肉避免受傷。

☑ 舒緩緊繃的肌肉，塑造腿部線條。

☑ 促進血液與淋巴循環，緩解女性經痛！

要如何訓練柔軟度呢？關鍵是「恆心」，不要三天打魚、兩天曬網，每天拉一點，堅持下去，美好的果效就是你的了！

Part 3

> *Healthy People*
> *Kimberly* 的熱血人物特寫

　　我很相信，當你抱持著正面態度和開放心胸，自然也會吸引到正面的力量，我很幸運身邊圍繞著許多優秀的朋友，包括我的先生，不僅是我生活上的伴侶、創業路上的顧問專家，也是我跨界轉職運動選手和專業教練職涯的支持者。

　　他們都是我學習的對象，不管專精在什麼產業，在他們身上，都可以看到一個共通點，那就是充滿著熱血的運動家精神！即便經歷困難挫敗，卻不怨天尤人，不抱怨不放棄，這種認真且持之以恆的態度讓他們不管在事業上或運動生活中，都有著傑出的表現和令人敬佩學習的地方。

　　特別是有著不一樣影響力的女性，總是帶給我很多鼓舞，也許因為我自己在別人眼中也是滿突破傳統框架的女生，自許成為新時代女性，希望透過自己的熱血生活，鼓勵還沒踏出那一步的人。這次要藉由這本書介紹我身邊充滿熱血的女力代表，希望透過他們的生活故事，也能給你不同的啟發！

嘻嘻哈哈滑水學校創辦人——李瑋珊 Sammy

　　她是我很敬佩的運動實業家，現今臺灣滑水產業蓬勃發展背後功不可沒的重要推手——Sammy 李瑋珊。臺灣滑水產業在臺灣算是小眾運動仍屬開拓階段，尤其水上運動是要看天吃飯，不管是俱樂部或學校，經營實屬不易。這幾年來每每遇到經營上的困難打擊，很少看到她怨天尤人頹志喪氣，總是充滿正能量。跨出安逸、面對風暴、迎向挑戰，翻轉局勢，這是我看到 Sammy 的人生最佳寫照。

　　別看她皮膚黝黑又精實的身材，可能你無法想像以前的她原本是個坐擁高薪、踩高跟鞋坐辦公室的金融業女強人，擁有讓人稱羨的金飯碗，在金融圈工作長達十一年，她應該算是我們這一代滑水人中最早接觸滑水運動的女生了吧。第一次嘗試滑水是在二○○七年，她在沖繩體驗到了滑水，她說這個初體驗是很狼狽的，原本以為自己有衝浪的底子，但沒想到滑水這個運動讓她很挫折，更激勵她想要去挑戰自己。

因爲愛上滑水運動曾每天勤勞的一早六七點先去河邊滑水再換裝上班，中午休息時間就研究技巧問題，晚上開始找資料、練習，假日有空也是全部投入在滑水的訓練當中。在那幾年的滑水生涯，她不斷蒐集各國好手的影片觀摩，並參加其他滑水俱樂部在微風運河的訓練活動。年輕火熱的她說：「我不是國手，必須要用其他的時間去彌補，我相信我做得到。」就是欣賞這樣的熱血女孩。

帶著這種決心，Sammy 果眞在二〇一一年投入賽事初期就獲得香港滑水錦標賽 Women Novice 金牌和 IWWF Asian Waterski & Wakeboard 亞洲盃臺灣國家代表國手殊榮，並獲得全國盃寬板滑水錦標賽社會女子金牌等多項肯定。

說起曾經熱愛的寬板滑水，她靠著殷勤苦練奪下金牌的榮耀肯定，證明了她的決心，雖然後來二〇一四年在

寬板滑水練習中韌帶斷裂，開始長期的復健治療。她看似是嬌小柔弱女生，卻有堅毅不饒的心志，兩次重大受傷的打擊並沒有讓她放棄滑水，復原後除了持續推廣滑水也投入這幾年滑水界新興的快艇衝浪項目，她說：「上帝為你關了一扇窗，就會為你開另一扇窗，滑水不只是一個運動，還可以讓我們玩樂、健康積極的面對人生。」

不服輸的她在二〇一八年再次成為快艇衝浪國手，我們同為中華隊代表臺灣去新加坡比賽，這是臺灣首次正式組快艇衝浪中華隊出征，創下全隊三男二女五人皆奪牌的好成績！

你知道一個人的熱情能帶來多大影響力嗎？她因為太熱愛這個運動還毅然決然捨棄高薪金飯碗，全心投入滑水運動的推廣，在二〇一六年創立了「臺北市滑水協會」投入所有積蓄並到處集資，開始打造屬於滑水人的迎星碼頭，從此改變了整個臺灣滑水生態，甚至成為亞洲各國滑人最喜歡來的滑水集訓地！

在沒有背景、人脈不夠、周旋各政府單位溝通、未預期的天災、超乎預期的資金需求、新興產業的人才缺乏……等等的困境下，儘管困難重重她仍舊充滿信心勇往直行。不僅開辦滑

水學校推廣大眾親水活動、也設計教學課程培育滑水界專業運動人才廣推選手計畫，爲滑水界首創教練五年夢想計畫，創造專業滑水運動員的工作機會。如今「嘻嘻哈哈滑水學校」已成爲亞洲知名、臺灣最大的滑水培育中心，訓練出許多優秀選手及國手代表，我也是學校的學生喔，感謝她亦師亦友在滑水生涯上給我很多的幫助！

　　曾經是荒蕪一片的社子大橋，這幾年在她和團隊的努力下成爲吸引各國滑水好手每年必參加的臺灣最大滑水賽事舉辦地標，也是民眾水上休閒的活動去處。這一路走來很多不可能，在她熱血又勇於挑戰不服輸的個性下，也把她原本充滿稜角敢衝直言的火爆個性，磨得更加圓滑。因爲信仰更懂得順服神的旨意，放下自我中心。這幾年的磨練，學校變得日益壯大，不變的是熱心但更加謙遜體諒，總能凝聚志同道合的人，讓一股一股熱血不斷加入滑水圈。她就像一粒麥子，神的命定落在社子的土裡，儘管風風雨雨，仍舊不斷發芽茁壯，她有著讓人欽佩的強韌女性特質。

　　她說：「滑水產業新創教會我的事，巔倒翻轉人生前，需要先翻轉自己！」

得獎記錄：

二〇一八　IWWF 新加坡亞錦賽 Wakesurf 公開女子銅牌

二〇一七　WWA 日本公開賽快艇衝浪女子金牌

二〇一六　WWA 日本國際公開賽 -Wakesurf 公開女子銀牌

二〇一六　日本西宮公開賽 -Wakesurf 公開女子銀牌

二〇一六　臺灣盃國際滑水公開賽 -Wakesurf 公開女子金牌

二〇一六　美傑仕盃女子公開賽 -Wakesurf 公開女子金牌

二〇一四　美傑仕盃寬板滑水女子公開賽 -Wakeboard 高級組金牌

二〇一四　臺灣盃國家滑水錦標賽 -Wakeboard 公開女子銀牌

二〇一四　國家級拖艇滑水國手選拔賽 -Wakeboard 公開女子銅牌

二〇一三　全國盃寬板滑水錦標賽 -Wakeboard Master Women 金牌

二〇一一　全國盃寬板滑水錦標賽 -Wakeboard 社會女子　金牌

二〇一一　WAKEFEST and HONG KONG OPEN WAKEBOARD CHAMPIOMSHIP-
　　　　　Women Novice Champion 金牌

／美傑仕集團總裁

專業美妝界的運動家──Thomas Chan

　　如果要我說影響我最深的熱血生活家，莫過於我的先生 Thomas 了。

　　他是臺灣美髮業界的傳奇人物，香港出生，小小年紀就獨自出國讀書當起小留學生，養成獨立自主的個性，二十五歲從加拿大來到臺灣，連國語都說不好就開始了他的美髮品牌代理生意。人生地不熟的他還特別去國語日報勤練普通話，為的就是要打進臺灣市場，一步一腳印白手起家，一拚就超過三十年。從早期美國最大的專業髮品 MATRIX 到法國頂級頭皮養護髮品 Rene Furterer 萊法耶，他獨有的經營之道和操作理念，都讓品牌先後在臺灣領先市占率，建立起他的專業美髮王國。

　　因為創業選擇來到了臺灣，落地生根還成了臺灣女婿，我跟他結識於騎馬運動中，他是不服老的人，比我更積極，因為彼此都愛運動，相契相合也彼此影響，即便我們相差十五歲，但熱血凝聚我們在一起。每週的固定約會都在健身房，第一次

郊外出遊是去東北角滑獨木舟在烈日下狂曬三小時，出國一定
要安排有戶外活動行程。婚後我們成為事業夥伴、是彼此激勵
的運動夥伴，也是教育孩子的榜樣，把運動的觀念根深蒂固帶
給孩子從小培養。

　　Thomas 是一個非常執著而且專心一意的人，不僅在事業
上專注打拚，更在運動喜好上顯露無疑，閒暇之餘少有應酬，
幾乎把時間都投入到運動當中。他非常愛騎馬，一個嗜好維持

了超過二十年，為了精進技術，跑遍全臺灣各大馬場馬術中心，也拜師多年，跟著臺灣馬場馬術冠軍騎師葉繡華及跳障礙的國手鄭益昌來雕磨技術。他也愛網球，長年不斷練習，常常工作完就是打球，或是約了教練打完球再進公司上班，只要在家，我們家電視一定是鎖定博斯網球頻道，熱愛程度只差沒去當選手。

他和我不同，不喜歡比賽，即便騎馬和網球運動都累積相當長的年資有專業水準，卻不喜歡上場比賽；他說運動是休閒紓壓，而不是讓自己有更多的壓力。我反而是喜歡透過比賽來鞭策自己更進步更上一層樓，不同的個性互補倒也增添我們運動生活的樂趣。他雖然不喜歡參與比賽，卻願意為臺灣運動基層打造舞台，因為他自己也是從小就學網球，願意把這股熱忱轉投注在青少年網壇發展。

二○一二年起連續九年贊助臺灣網壇舉辦「美傑仕 OPI 盃全國青少年網球錦標賽」，這項比賽也成為臺灣青少年網球最高等級的 A 級錦標賽，給予許多有潛力的優秀青少年選手展現身手的舞台，成為臺灣代表的種子球員或進入職業網壇發展。他曾說只要心有餘力，一定繼續支持下去，這讓我非常感

動。我也受到他的影響，在二○一三年秋天，先生帶著我們全家開啓滑水運動的生活，他帶我認識滑水運動、支持我轉戰滑水選手，開創了我不一樣的水上人生。

受到他對運動熱血的鼓舞，我在二○一四年投入贊助策畫我熱愛的滑水運動賽事，到二○一六年自己也轉戰跑道成爲選手，多次代表臺灣比賽，每一場比賽都因爲他在背後給我很大的支持和後盾，讓我更加勇敢去接受挑戰。這幾年因爲愛上健身，他也鼓勵我考健身證照成爲教練。年齡，從來就不是阻礙，也不是我們擁抱熱血的羈絆，我的熱血人生眞的受他帶領影響很多，夫妻有共同對運動的執著，眞的讓熱血更加倍！我們也會持續一起追求更豐富的熱血人生！

二○一九年九月底，他騎馬受傷，動了四小時骨盆正位手術，打了十二根鋼釘和兩片鋼板固定。是因爲颱風天他開不住跑去騎馬，當天輕鬆騎乘突如其來的大雨讓馬受了驚嚇猛然揚起拱背被連甩三次，馬鞍強力撞擊他的骨盆，當場恥骨脫臼痛到他摔下來。沒有想過擁有二十五年馬場馬術經驗的Thomas，已可以算得上是騎馬高手，多年來從未受過大傷，卻因爲一個不留神反而重傷。醫生說好在他平常有練身體很勇

壯，不然馬跳起來把他從這麼高的馬背上摔下來，一般人應該早就連骨頭都斷了！

多虧他長年有運動，真的恢復力快，他手術後休養兩個月就回到健身房、隔天開始打網球，不到三個月聖誕節還帶全家去滑雪、農曆年再去帛琉潛水，很難想像是幾個月前才動過大手術。他是個積極樂觀又不服老的人，因為這位強者爸，我們一家都變得熱血！

時尚運動名模──王心恬

　　熱衷鐵人、馬拉松、游泳、潛水等運動甜姐兒王心恬，堪稱模特兒界的水陸兩棲熱血代表。五年前認識心恬，那時我正要舉辦「第二屆美傑仕盃女子滑水賽」，要找一位形象健康而且熱愛運動的模特兒來擔任宣傳大使，朋友推薦介紹下而找上了她。要擔任滑水宣傳大使，不只是在岸上擺擺Pose 給媒體拍照就好，還得真有點運動細胞才行。

　　老實說一開始還擔心她甜美的外型無法勝任在河裡滑水這件事，深入認

識她後才發現她是個相當另類的模特兒。擅長跑步的心恬，運動比賽資歷早已從二○一三年就開始，不怕辛苦、不怕狼狽、不怕髒，超級熱血又踏實生活，這讓我非常刮目相看。她非常認真，為了做好這場眾所矚目的女子滑水賽宣傳大使的工作，不厭其煩的多次跑微風運河來跟我練習，還一試成主顧，愛上了滑水運動，甚至掏腰包自己買滑水板。出色的表現在該屆滑水比賽上讓大家驚豔也奪得媒體滿堂彩的報導，因而在隔年我續邀她參加二○一六年第三屆的美傑仕盃名人滑水賽項目，延續她對滑水的熱血。

除了工作之外，她也涉獵許多戶外運動。雖然身為時尚界的知名模特兒，明明可以美美的穿名牌華服，享受工作光環帶來的優渥生活，但從她身上你看不到嬌慣奢華的氣息，接近她的人都會被她的隨和態度和熱情感染。也許就是因為她喜歡往戶外跑的開朗性格，總喜歡透過各項運動及相約比賽來結交各界領域的朋友，開放的心胸讓她人生更加豐富。不同於外人眼中模特兒的嬌柔，運動上的傑出表現讓她更吸引大家關注，我身邊許多喜歡時尚的朋友或運動人都很關注她，她很謙卑也從不自滿自己所達成的目標，這些年來仍不斷的挑戰自己，讓

參加比賽成為一個動力，透過練習和比賽的過程、賽後帶來的自信還有不斷給自己訂定未來的目標，來成就生活中獲得喜悅感、興奮感和成就感的來源。

　　模特兒生活不是永遠絢爛的，難得的是心恬是個很有想法的獨立女性，不把模特兒工作得失心看的太重，透過不同的戶外運動成為她生活的動力，也讓她看到更多的世界風貌，好比滑雪、潛水，經常的旅行，這讓她一年下來都可以很忙碌，生活多采多姿，不讓自己迷失在鎂光燈下。因為看的寬廣而不去計較，更不在乎物慾，反而獲得更多心靈的飽足！

　　心恬比我更早開始運動人生，二○一三年至今已參加過十多場大型鐵人、馬拉松比賽，每每看到她在臉書上分享賽事歷程，都讓我非常佩服驚呼，這樣一個有著美麗外表又擁有絢爛名模工作的女孩，怎麼這麼能吃苦！為了參賽跑遍國內外世界各地，吳哥窟、夏威夷、內蒙古，甚至是敦煌戈壁的沙漠，這些都是一般人無法想像的，但她說：「雖然辛苦，卻豐富了我的心靈層面。」最讓她難忘的是參加超級馬拉松比賽，因為那是一個體力還有精神的極限，整個長途旅程常常只有一個人，非常孤單，完全要靠自己，是一個很好的自我休息與心靈對話

的時間，也讓她獲得最多，好勇敢啊！我真的打從心裡佩服，這樣的經歷的確會讓一個運動員大幅的成長並且變強大！

運動的熱血，改變了她的心胸，讓她對自己的刻板印象全部突破，不再會為了生活大小事而感到困擾，當遇到挫折時只要想起在跑那一百多公里上看似無止盡的路程中都能克服所有困境，就覺得一切問題都可以迎刃而解了。

我在她身上，看見了不一樣的光芒，那是對自己生命充滿熱血，不停止挑戰的堅毅力量！

/STARFISH 星予創辦人

公關教主——于長君

　　我認識很多公關界的女強人，很少有像長君這樣如此精力充沛的！她是縱橫公關業界數十年，首屈一指的時尚公關教主于長君，說她是公關業界的熱血女強人代表，一點也不爲過！

她過人之處不僅止於她的專業，前一天她還在精品派對發表會上，隔天可能已經全身運動裝備出現在馬拉松場上或是河濱步道騎車跑步，要不就是健身房鍛鍊身體！儘管事業忙碌，仍然一週抽空做四到五次運動，就算三十分鐘的五公里路跑也行，讓自己保持一天精神滿分，應

　　付各項工作，並能保有正向能量。面對職場大小挑戰，常常要同時操刀不少活動，公關教主的好體力原來是這樣養成，不得不讓人豎起大拇指！

　　在長君的人生哲學中，運動是影響她很大的力量：凡事付出努力，永不放棄，有志者事竟成，一點一滴的累積就能看出成果！

　　多年前在朋友的精品發表會場合認識她，因為她專業的公關操刀能力，我們公司也陸續和她有多次的公關活動合作，也因為同樣愛好運動，我們更私下結為好友，常常互相交流各項運動的心得。人不可貌相，別以為穿梭在精品派對裡、踩著高跟鞋的女強人，就一定是花拳繡腿。除了專業領域上看到她的身影，她也是運動界非常活躍的佼佼者。她的路跑馬拉松生涯大概從十年前開始，跑遍全台半馬、十多公里、鐵人三項跑步或是騎自行車接力，之後再轉戰馬術圈與技擊運動，像是泰拳、拳擊與散打，從業餘喜好者投入到參加比賽。

　　也因為自己的熱忱，更從參賽者變成為贊助商，進而從時尚界跨界到運動產業公關。這不僅結合自己的媒體公關專業，更創造不少話題與合作利基，也為不少運動名人操刀，如江宏

傑與福原愛的世紀婚禮，成功將桌球運動員打造成時尙運動明星，獲得眾人目光關注的焦點成爲享譽國際的運動佳話，從此開啓了她紮根運動產業之路，並在二〇一九年九月正式創立了運動職人經紀公司，立志推廣臺灣優秀的運動職人，推向國際舞台。

對她來說，運動不只是單單讓自己獲得健康，也能吸引到同好的前輩與好朋友。認識她多年來，我也看到她公關事業走得更加寬廣，不僅在業界樹立了好口碑，也投身教育界常常受邀到各校授課演講，將她長年累積的專業經驗和知識與學子分享。成功不是偶然，很大的原因，是她的熱忱和熱情，總是吸引周圍的人感受到她的正能量，一份事業要能川流不息做得長久。

長君透露，人生中每一個緣分都不是偶然，她總是秉持對人誠懇交往，廣結善緣，每一個人都可能是貴人，抱著開放的心胸謙卑待人，都能在他們身上學習到不同的故事與經驗，這對人生經歷與事業都很有加乘效果，萬事互相效力，這些累積起來的緣分也往往可能帶出後續的火花，You never know！

真的，我與她的緣分就是這樣一直不斷的開枝散葉，從最

　　早在美妝事業上的公關合作，到後來我轉戰選手後，因爲時常有媒體上的採訪需求和廠商合作邀約，我必須仰賴專業意見而時常請教她，因爲多年來的互動交往，她是最了解我也讓我最放心的諮詢專家，就在一次聊天中一拍即合，我順勢加入了她的運動經紀，她成爲我的運動公關經理人

　　不管是事業經營或運動，我們有相同的堅持態度，在她身上，我看到運動人的精神被她與生俱來的樂觀與熱血的特質，融合在她的公關事業中發揮的淋漓盡致！

/「禾邸設計」創辦人暨執行創意總監
設計界的運動家——林之豐

　　很多人說臺灣滑水界出美女，真的是耶！我身邊有許多這樣的滑人朋友，不僅熱血漂亮，渾身力與美，本身還擁有專業的一技之長。林之豐就是這樣的知性熱血女力代表，她是「禾邸設計」創辦人暨執行創意總監，在室內設計領域有十三年的專業經驗，也拿過不少設計界大獎，像是 TID Award 臺灣室內設計大獎、亞洲設計獎、APDC 亞太室內設計菁英邀請賽、

SIDA 新加坡室內設計大獎和 TINTA 金邸獎，是非常年輕有為的女性設計家。我們因為滑水而熟識，一開始看到她在水上熱血

的模樣，很難想像她在專業工作領域上是個嚴肅又執著專注的設計師，非常跳 Tone！

同為雙子座因為共同興趣而熟稔的我們，有著一樣的拚命三郎個性，不論做什麼事，一旦設立了目標，就是全力以赴，不管是滑水運動或設計工作，我都看到她相當傑出的表現，作品屢獲業界獎項肯定，大家有目共睹，尤其欣賞她的設計作品，非常有質感和品味。常常聽到她在工作上因為加班趕件或絞盡腦汁集思廣益時，不知多少夜晚直接睡在工作室，不只要美食相伴，更需要抽離到水上紓壓放鬆，給自己注入全新活力，我們常常互相分享美食餐廳資訊，吃和運動這兩件事，占了我們生活很大的重心。哈，不只個性我們連生活模式都太像了！

很多人會用外在的世俗眼光給女孩子下定義，例如你是媽媽是家庭主婦，就不該做些什麼事，或是你是職場女性，就一定很壓抑……之類的傳統框架。我聽過很多這種先入為主的老舊思維，身為新時代女性，我們應該要翻轉人們對女性的定義，就像我，即便是職場婦女，兩位孩子的母親，我照樣熱血人生，追求夢想活得精采。也如同之豐，身為女性，不僅能在

以男性為優勢的建築設計界發光發熱，同時也在水上追求屬於自我的熱血人生！

之豐是寬板滑水好手，很難想像柔美外表的她可以和這個極限運動連結在一起。開始滑水這條路起源於二○一五年夏天，她為了讓自己保持良好的工作心態與生活平衡，也因為工作的環境使然，她的個性喜歡挑戰，而熱血的滑水運動可以不斷的累積技巧，同時也加強身體素質，讓她一試就愛上。當我們聊起滑水運動的源起時，總有相知相惜的感覺，我們都喜歡這種征服的成就感！

近年來之豐也轉戰練習起快艇衝浪 Wakesurf，我們常常在工作之餘週日一起團練，彼此加油打氣，很欣賞她的生活方式。不管平常多忙碌於工作，一定保留整天週日行程留給自己，好好的運動，除了滑水她也固定健身和打高爾夫球，讓自己身心靈維持平衡，這和我對真正生活的定義不謀而合。

越挫越勇！不放棄

乍聽起來，可能大家以爲之豐又是個無往不利的人生勝利組，其實走上運動這條路很少沒有遇過挫敗的。剛認識她不久時，也是她接觸滑水運動一陣子後，因爲開始練習寬板滑水較高難度的水上跳躍動作，一次意外中導致韌帶受傷，當下在醫院急診室以爲再也不能滑水而崩潰大哭。她聽從醫生的建議，決定開刀韌帶重建，從完全無法彎曲的膝蓋，每天慢慢一點點角度的復健，即使增加每一角度的過程都必須受皮肉痛苦，仍還是無法減少她對滑水的熱愛。

在歷經三個月積極復健後她再度嘗試回到水上，並且轉戰衝擊力相對較小的快艇衝浪項目，從基礎開始學習。要重回寬板滑水項目需要更多的肌力與身體的控制，爲了把滑水運動發揮的更淋漓盡致，她也開始健身加強全身性的肌力訓練，在忙碌的設計工作下，每週仍堅持抽空下班後先來跟我健身訓練，再回去公司加班，真是拚命三郎！

這樣的女孩，很懂得自己要什麼，設定目標就努力去達成，她不會爲了玩樂耽誤工作，不會爲了工作或受傷放棄可以

讓自己放鬆喘息的空間。

　　如今，她仍活躍於滑水運動。在她身上，我彷彿看到當年自己走過的歷程，對滑水的熱愛，投入一切，就算受傷了，仍能積極面對，找尋方法，努力再站起來！一樣的是，我們都沒有因為挫折而放棄熱愛的運動！

　　愛滑水的我們總是會自豪的說自己是滑水人，如果你問她如何定義自己，相信她一定充滿自信告訴你，她是設計界的運動家！身為一個設計師要有天馬行空的想像智慧和美學概念，身為一個運動員，在他們的專業上除了身體的訓練，更是心智上的強大，需要很多的毅力及抗壓。不論寬板滑水或快艇衝浪，每一個動作的完美都需要不斷的重複訓練和數百數千次落水失敗的挫折考驗，在這樣的訓練下會發現對於自己的要求度更高了，因為知道下一次一定可以更好。

　　在她身上我學到的是，曾經是個完全的設計工作狂，從未想過除了工作之外會有任何事情能再挑起這樣的熱血，但只要秉持著開放的心胸，就能給自己不一樣的生命領受。她說從沒想到這樣的極限運動可以為她帶來不一樣的心靈寄託，一次又一次的戰勝失敗，在事業上領導她面對工作挑戰時更加無畏

懼！因爲滑水，她的人生更熱血開闊！

抱最大的希望，爲最多的努力，做最壞的打算。——林之豐

得獎紀錄：
二〇二〇 臺灣盃國際滑水賽 Wakesurf Outlaw 女子金牌
二〇一九 臺灣盃國際滑水賽 Wakesurf Amateur 女子銅牌

結語 /
和我一起經歷變好的過程吧！

在寫這本書的時候，彷彿讓我穿過時光機，又再一次的經歷了每個走過的歷程，讀完它，相信你也能感受到我的熱血，以及那種激昂的鬥志。也許你們現在才知道，我並不是天生的人生勝利組、不是什麼運動訓練的科班出身、也不是永遠在水上無往不利的佼佼者，**輸輸贏贏**就只是剎那間的激情，但每一次的經歷都讓我更加強大。這些年來時間的累積，上百千萬次練習的挫折與掙扎，才有今天的進程，有時候我也驚呼，自己是怎麼走過來的，每當心志軟弱了，我靠信仰支持自己度過，當身體軟弱了，我靠運動讓自己變強大，我很高興我沒有放棄，並且時時讓自己對每件事情保持充滿盼望的心，能夠一直走到今天，才有故事與你們分享。

記住，萬事互相效力，珍惜每一個人生過程，也許當下只是個不起眼的環節、不順利的遭遇、看似不完美的結果，不要抱怨不要怨天尤人，相信每一個事件發生絕不是偶然，只要用正面的態度去面對，讓自己吸取經驗記取教訓，不管結果如何

都不會白走一遭，把它轉化成滋養自己成長的養分，都有可能領導你成就另一椿新事！

　　這幾年來歷經許多比賽訓練，過程中也曾因為自己疏忽導致膝蓋受傷而沮喪，深怕影響了我的運動生涯，但神卻給我心思意念要我重新尋找更好的方法來強大自己，因而改變思維更加注重每個生活環節，運動的小細節和重新建立健身的好習慣，依靠完善的訓練來達到更好的運動表現。我不怕跌倒，也因為曾經跌倒才知道怎麼樣幫助自己可以很快站起來，變得強大，也讓我的運動生涯更上一層樓，成為更專業的運動人，因為有了這樣的經歷，才讓我起心動念決定報考國際專業健身教練證照，如今因為健身教練的身分，反倒讓我有不同的使命，更有能力用我的經驗和專業知識來幫助更多人。原來一切的經歷是上帝要在我生命中做新事！

　　我總是這樣告訴自己，不論我在哪個處境，是勝利、是失敗、是高山、是低谷，我都要從中找到正面的領受，讓自己有所得著，因為唯有這樣，才能把祝福帶給別人，施比受更有福！

　　粉專上常有粉絲來信，問我怎麼樣可以像我一樣，活得熱血又健康，很多剛認識我的人甚至許多來找我健身的學員們，都會以為我本來就是這樣身材好又很會運動，好像一切在我身

上都很容易，為什麼他們做起來這麼辛苦！我想藉這本書跟你們分享，其實我也走過一樣的路，從一個平凡無奇的女孩，進入職場、成家立業、從職場婦女、懷孕、生產、身材變形、減肥的挫敗、到開始健身的辛苦陣痛期……，你經歷的我都經歷過。

　　以前工作閒暇，我也愛打扮美美跟朋友去下午茶吃吃喝喝，胖了就讓自己越穿越寬鬆，不然就靠快速方法減重，然後

過一陣子復胖回來，不斷的再循環……。就像前幾章節所敘述，各種減肥方式過去我都嘗試過，雖然速效減肥可以很快看到改變，但誠心建議除非有重要時刻或場合需求，偶爾為之就算了，絕不能常態進行，天下沒有白吃的午餐，不當的減肥勢必影響身體平衡，甚至會影響內分泌及荷爾蒙失調，身體機能提前衰老！許多人靠藥物或市面眾多標榜不需運動就能減重的健康食品，長期利用身體脫水來減重，只要一停止該方法並回復飲食狀態，減掉的體重數字馬上就會復胖了，但損失的健康卻可能要加倍才補得回來，運動是最好的投資，穩健且循序漸進瘦的健康才是王道！

自從踏進滑水運動和健身領域，我的生活多了挑戰、多了自律、也帶來了不一樣的快樂和滿足，褪去華服和高跟鞋裝扮也能帶給我自信。身材變好的讚美是錦上添花，獲得的健康和活力卻是無價！我透過健身教學和學員分享我的經歷，希望傳遞大家正確的觀念，幫助曾經和我一樣的人，創造全新的生活，羅馬不是一天造成，凡事沒有一步登天，但只要願意跨出第一步，有恆心毅力，你也可以像我一樣！找回健康與自信！

心態對了，人生方向就對了！

VUJ0118

不設限的美麗

快艇衝浪女神 Kimberly 的熱血人生

作　　者　陳美彤 Kimberly
主　　編　林潔欣
企　　劃　許文薰
封面與部分內頁攝影　　IVAN PHOTOGRAPHY
封面設計　江孟達
美術設計　徐思文

第五編輯部總監　梁芳春
董 事 長　趙政岷
出 版 者　時報文化出版企業股份有限公司
　　　　　108019　臺北市和平西路 3 段 240 號 3 樓
　　　　　發行專線－（02）2306-6842
　　　　　讀者服務專線－ 0800-231-705・(02)2304-7103
　　　　　讀者服務傳眞－ (02)2304-6858
　　　　　郵撥－ 19344724　時報文化出版公司
　　　　　信箱－ 10899 臺北華江橋郵局第 99 信箱
時報悅讀網　http://www.readingtimes.com.tw
法律顧問　理律法律事務所 陳長文律師、李念祖律師
印　　刷　和楹印刷有限公司
初版一刷　2020 年 10 月 16 日
定　　價　新臺幣 360 元
（缺頁或破損的書，請寄回更換）

不設限的美麗 ： 快艇衝浪女神 Kimberly
的熱血人生/ 陳美彤著 . -- 初版 . --
臺北市 ： 時報文化 ， 2020.10　　面 ；
公分
ISBN 978-957-13-8385-9(平裝)
1. 自我實現 2. 成功法
　　　177.2　　　　　　109014288

ISBN 978-957-13-8385-9
Printed in Taiwan

嘻嘻哈哈滑水學校
SUPER HIGH WAKE SCHOOL

SuperHighWake 團隊由行銷、體育、動畫、攝影等
各領域菁英組成，公益承辦國際滑水賽事
並積極參與各時尚網路與實體活動推廣
將滑水打造成亞洲人氣運動

快艇遊河
BOAT TOUR
$3000

沙發衝浪
SOFA SURFING
$600

快艇衝浪
WAKESURFING
$2000

寬板滑水
WAKEBOARDING
$2000

舉辦臺灣盃國際滑水賽
嘻嘻哈哈滑水學校成立
引進快艇衝浪技術

引進WWA國際裁判系統
打造臺灣首座滑水碼頭
電視直播亞洲巡迴賽

舉辦歐美澳職業滑水賽
名人首選滑水學校
學員人數破萬人次

引進CWSA國際裁判系統
國手訓練基地啟動

 寬板滑水 是一種透過動力牽引使人可以站在水面上滑行，並可做出許多空翻加轉體的極限運動，可是現在時尚圈與藝人們最愛的水上運動。

 快艇衝浪 如其名，就像衝浪一般，但玩起來比寬板滑水更自由、更自在，因為板上沒有固定腳套，用腳與重心調整玩板的方式更靈活。

 沙發衝浪 快艇高速拖著充氣沙發極速過浪，坐著玩，躺著玩，趴著玩！絕對不會翻，卻又刺激到不行。

 快艇遊河 搭乘快艇享受基隆河岸的沿途風光適合與家人、朋友溫馨出遊，以不同的角度觀看台北的生態之美。

 嘻嘻哈哈滑水學校
Super High Wake & Surf School

 superhighwake

 @superhigh

讀者優惠